ホッブズの弁明／異端

転換期を読む12

トマス・ホッブズ◆著
水田洋◆編訳・解説

未來社

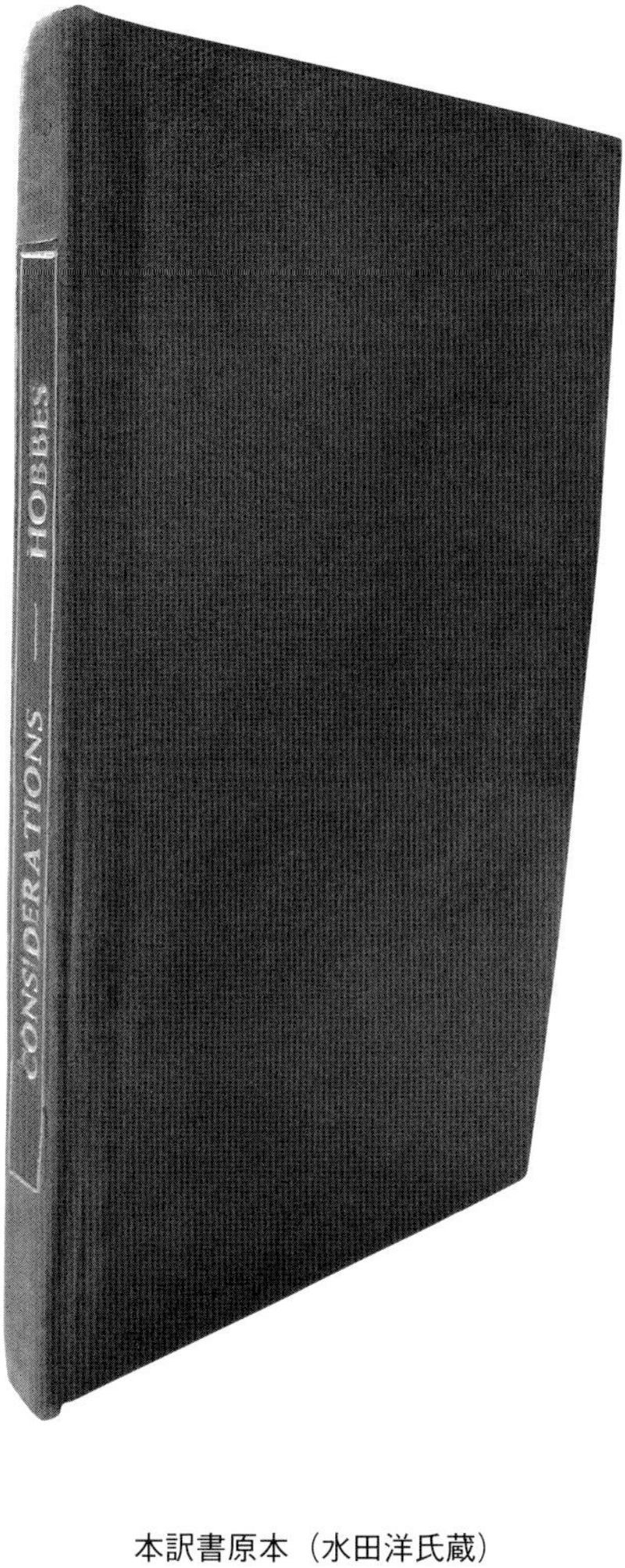

本訳書原本（水田洋氏蔵）

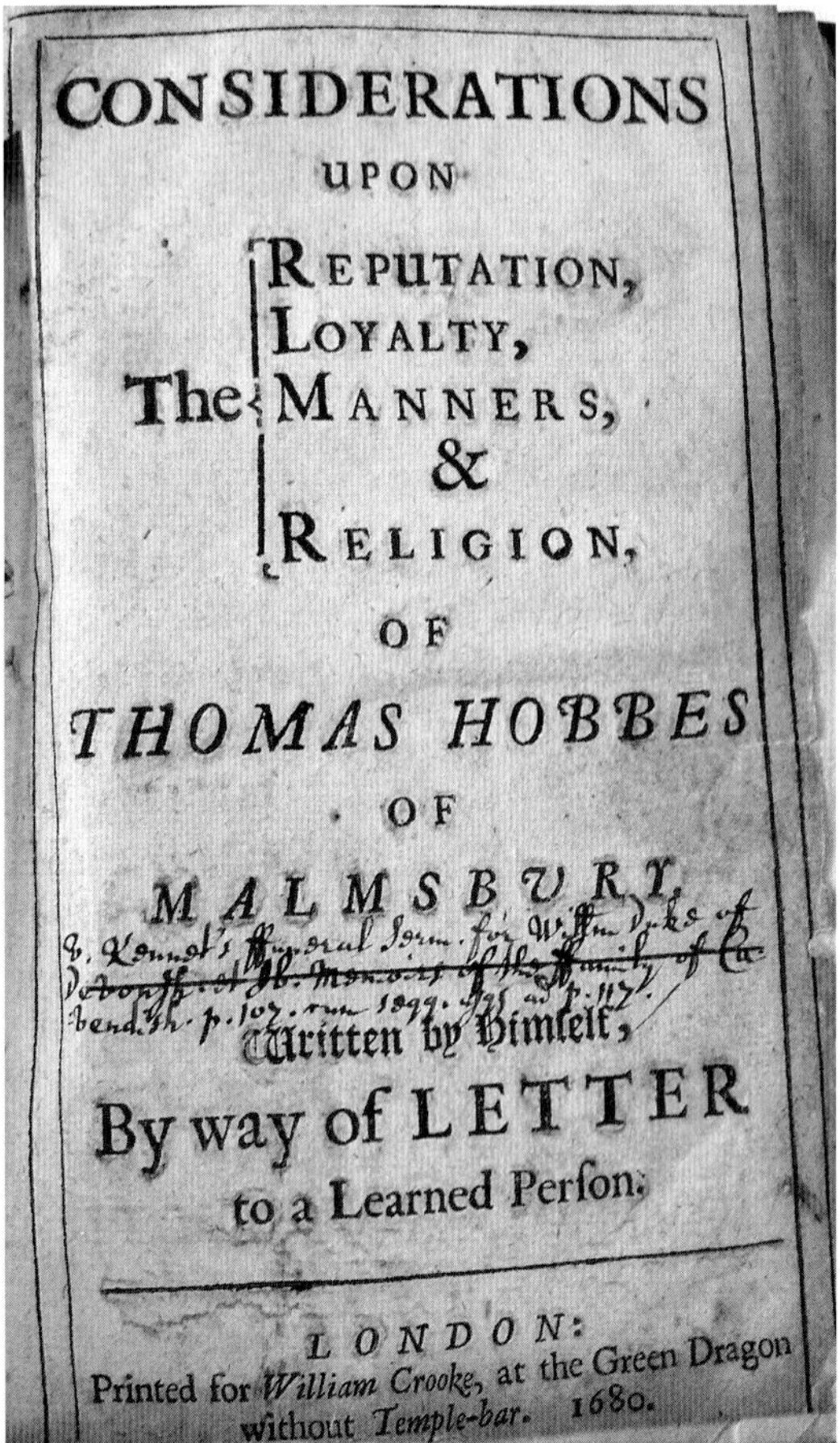

CONSIDERATIONS

UPON

The { REPUTATION, LOYALTY, MANNERS, & RELIGION,

OF

THOMAS HOBBES

OF

MALMSBURY,

Written by Himself,

By way of LETTER

to a Learned Person.

LONDON:

Printed for *William Crooke*, at the Green Dragon without *Temple-bar*. 1680.

『弁明』初版の扉。164 mm×104 mm の小型判で80ページ。使用した初版本は、かなり新しい皮装である。入手経路については記憶がない。

目次

トマス・ホッブズの弁明　5
異端についての歴史的説明と、それについての処罰　57
解説　89

装幀——伊勢功治

ホッブズの弁明／異端

トマス・ホッブズの弁明

両論文ともに単行の初版によって翻訳し、古典語については大月康弘氏（一橋大学）の、聖書関係事項については荒井献氏（日本学士院）のご教示をえたが、最終責任はもちろん訳者にある。［　］のなかは、訳者の注記である。訳注のうち神学関係については、日本キリスト教出版局の、『キリスト教人名事典』（一九八六）のおかげを受けること甚大であった。深甚の謝意を表するとともに、思わざる誤解について、寛恕をお願いしておく。

最初の『弁明』はホッブズの弁明書をかれの出版者であったクルックが紹介するという形をとっている。ここでホッブズが論敵としているのは、ジョン・ウォリス（一六一六—一七〇三）であって、かれはオクスフォードの数学者であり、ホッブズの数学知識の欠陥を攻撃して論争を起こした人物であるが、ホッブズの問題は、もっぱら自分の国王に対する忠誠度である。革命の発端に早くも党派性を問われて亡命したホッブズにとって、問題は終生のものであった。チャールズ二世はホッブズを宮廷に受け入れたが、以下にみられるように革命史の出版をゆるさなかった。

Considerations upon the reputation, loyalty, manners, & religion, of Thomas Hobbes of Malmesbury, written by himself by way of letter to a learned person. London, William Crook, 1680. [5], p. 3-63.

ある学識者にあてた手紙のかたちでかれ自身によって書かれた
マームズベリのトマス・ホッブズの評判、忠誠、態度、および宗教についての省察
ロンドン、テンプル・バー脇、グリーン・ドラゴン、ウィリアム・クルック発行

書店から読者諸氏へのおしらせ

ここに私は皆様に、ホッブズ氏の著作をひとつ提供します。それはイングランドの内戦についてのかれの対話〔Behemoth〕[1]のように（偶然にそのコピーを手に入れた誰かによって）かれの同意に絶対的に反して、不完全な手稿から出版されるのではありません。そのことを皆様は、私がここに挿入する私あてのかれの手紙の、いくつかのなかのことばによっておわかりいただけるでしょう。

（1）ビヒモス Behemoth は旧約聖書ヨブ記四〇章一五—二四節に描かれた怪獣で、四一章のリヴァイアサン（レヴィアタン）とともに、神の威力を示すものとして例示されるが、ホッブズは一六四〇—一六六〇年の内乱史を検討する対話篇を書いて Behemoth or Long Parliament という題を付けた。邦訳が近く出版されるはずである。

一六七九年六月の手紙のなかで、かれはいいます。

ずっとまえにであれば、私はイングランドの内戦についての私の対話をよろこんで出版したことでしょうし、その目的のためにそれを陛下に贈呈しました。数日たって陛下がそれを読み終えたとおもわれたときに、恐れながら陛下が、私がそれを印刷することをお許しくださるようにと、おねがいしました。しかし陛下は（なさけぶかく私のことばをきいてくださいましたが、それでも）、それが出版されることは、取りつくしまもなく拒否されました。そこで私はその本を放棄して、あなたに写本を作ることをゆるしました。あなたがそれをおわったのちに、私はその原本を身分あり学識ある友人に贈呈したのですが、かれは一年ばかりのちになくなりました。国王陛下は書物の出版について、私よりもよくご存じであり関心をおもちです。したがって私は、陛下が腹を立てられないように、この問題にあえて立ち入ることをしません。したがって私はあなたに、この問題に介入しないようにお願いします。その印刷をなにかのやりかたで促進または奨励するものと思われるくらいなら、むしろ私は、あなたがそれによって得られると期待できる価値の、二〇倍を失うことで満足するでしょう。——どうぞ悪く取らないでください。それは私が生きながらえて、あなたにそれと同じように売れる何かを送ることができる、ということかもしれません。

お腹立ちないように。私はあなたの非常に卑しい召使であり続けます。

トマス・ホッブズ

チャツワース〔デヴォンシャー伯爵の居城〕　一六七九年六月十九日

一六七九年のかれの手紙から。

もし私が何か印刷する価値がある手稿を残したなら、もしお望みなら、それはあなたのものになるべきだといっておきましょう。私はあなたの卑しい召使であります。

トマス・ホッブズ

チャツワース　一六七九年七月二十一日

一六七九年八月のかれの手紙から。

拝啓

私はあなたが私の忠告を受け入れて、イングランドの内戦などにかんする私の本の印刷について騒がなかったことに、感謝しています。――私はあなたのために、英語で印刷するものをいくらか書いています。私はあなたの卑しい召使であります。

トマス・ホッブズ

チャツワース　一六七九年八月十八日

故人となった著者について、今後余計な濡れ衣がかさねられることがないように、私は私に向けて何度か書かれたかれの手紙から、以下の文章を、文字どおりに印刷しました。これらの手紙の現物は私が手元にもっています。私はかれの追憶にきわめて忠実でありたいので、完全であり公刊に適したものでなければ、なにも印刷しないつもりです。もしこれまでに印刷されたことのない本が、かれの名前で印刷されるようなことがあれば、皆様は、ウィリアム・クルックの発行でないかぎりかれの本ではないことを、確信していただけるでしょう。

ウィリアム・クルック

拝啓

私はあなた〔ジョン・ウォリス John Wallis, 1616–1703〕の著作に感嘆しているもののひとりであり、あなたの『自虐するホッブズの著作』〔John Wallis, *Hobbius heauton-timorumenos*, Oxford, 1662〕を熟読しましたので、私がそれに感嘆する理由についていくらか説明したいという気持ちを、おさえることができないのです。それで第一に私は、あなたがかれ〔ホッブズ〕の不忠について、五ページの次のことばで、かれをどのように取り扱ったかを考察しました。

〔それによれば〕かれの大著『リヴァイアサン』（かれはそれに自分の主要な力をおいている）は、いまではいくらか季節はずれであって、それは主君である国王を苦難のうちに放置して（というのは、かれは国王の教師であったと称しているが、そのことを知る最大の理由をもつ人々によって私が知りえるところでは、そのように称するには根拠が乏しい）、オリヴァー〔オリヴァー・クロムウェル Oliver Cromwell, 1599–1658〕の地位をまもるために（あるいは、誰でもどのような手段によってでも最高に達しうるために）書かれたものであって、統治の全権を完全に力に置き、陛下が服従を強制する現実の能力をもたなくなればただちに、かれのすべての臣民は忠誠から解放されるのだということである。

ここで私がまず観察し感嘆するのは、あなたがこの文章を省かなかったことについてであり、それには二つの理由があって、そのひとつは、ホッブズ氏が熱望しえたかぎりでは、近頃の反乱期におけるかれ自身とあなたの小さな物語を、世界に語る機会にまさるものはありえないはないということである。

一六四〇年四月に始まる議会が召集され、続く五月に解散されて、そのなかでこの王国の平和と陛下の身柄の安全にとって必要な、国王権力の多くの点が論争され否定された。そのときホッブズ氏は英語で小論文(2)を書いて、いまいった力と諸権利が主権に分かちがたく結びついていることを提示し論証した。すなわち、そういう主権が国王にあることをそのときかれらは否定しなかったのだが、その主権からの不可分離性を理解しなかったか、理解したくなかったようにおもわれる。この論文については、印刷されなかったにもかかわらず、多くの紳士がコピーを手に入れ、そのことが著者についての多くの話題をひきおこした。もし陛下が議会を解散しなかったならば、それはかれを生命の危機におとしいれただろう。

(2) 本書に収録した二論文は一六四〇年五月九日づけニュウカスル伯あての献辞をつけて回覧されたが、初版は一六五〇年で、クルック書店によるものではない。そこでは両論文が次のように独立したものとして取り扱われ、一八四〇年のモールズワース著作集でもかわっていない。*Human Nature*: or the fundamen-

tal elements of policie. Being a discoverie of the faculties, acts, and passions of the soul of man, from their original causes; according to such philosophical principles as are not commonly known or affected. By Tho. Hobbs of Malmesbury. London, printed by T. Newcomb, for Fra: Bowman of Oxon. 1650. *De Corpore Politico.* Or the elements of lavv, moral & politick, with discourses upon several heads; as of the law of nature, oaths and covenants, several kind of government. With the changes and revolutions of them. By Tho. Hobbs of Malmesbury. London, printed for J. Martin, and J. Ridley, and are to be sold at the castle of Fleet-street, By Ram-Alley. 1650. ところが、ホッブズ研究の開拓者とされるフェルディナント・テニエスは、この著作に注目して編集・出版したとき、両論文をあわせて『法学要綱 ***The elements of law natural and politic***』とし、編別構成を変えてそれぞれの論文のタイトルを消してしまったのである。第二次大戦後のホッブズ研究のなかでこれを編集・出版したゴールドスミスも、テニエスを継承している。しかし、ホッブズからちょうど一〇〇年後に、人間本性についての新しい学問を樹立しようとしたデヴィド・ヒュームにとって、ホッブズの論文はきわめて魅力的だったに違いない。彼の著書は残念ながら印刷機から死んで生まれたとはいえ、おなじく人間本性という題名をもつことによって、ホッブズを継承することを明示したのであった。ヒュームが司書をしていたエディンバラの法曹図書館 Library of Advocates では、一七四二年までに ***Human Nature*** の一六五一年ロンドン版の単行本で入手していたので、ヒュームが『人間本性論』***A Treatise of Human Nature*** の執筆にあたって利用することは、題名の模倣も含めて、十分に可能であった。『人間本性論』におけるホッブズ継承を指摘した例として、木曾好能訳『人間本性論』第一巻（一九九五年、法政大学出版局）四三三―四三四ページがある（訳者解説）。

かれは国王を擁護して書くことをあえてした最初のものであり、そのことを特別の利害関心なしに、自分の義務についての知識と公正の諸原理のほかにはなんの理由もなく行なった、きわめて少数の人々のひとりであって、かれはあらゆる点で完全に国王に忠誠であった。

　ひきつづき、十一月三日に新しい議会がはじまったが、その最大部分は、民衆が国王の利益に反対するためだけに選んだ人々からなっていた。これらの人々はまったくのはじめから、かれらが当時除去しようと思っていた権力のどの部分でも擁護して書いたり説いたりしたものには敵対し、また国王が反逆を理由にしりぞけた連中には支持を与えて、積極的に行動した。それでホッブズ氏は、かれらがかれ〔国王〕をどのようにとりあつかうかについて疑問をもち、フランスにわたった。それはそのように逃げた人々全体のなかで最初のことであり、かれは、実に数千ポンドをうしないながら、そこに十一年滞在した。これはあなた（博士よ）の収穫のときであり、あなたはかれらに支持されたが（あなたがその後あきらかにしたように）、いいことはなにもなかった。

　かれはパリにいてラテン語で『市民論』*de Cive*(3)という本を書いたが、それはあらゆる国民が、あなたとその盟約者たち Concovenanters がイングランドでしていることを聞いて、あなたがたを軽蔑するようになることを目的としていたのであり、かれらは軽蔑したと私は信じている。というのは、海外でこれ以上称賛された本を、私は知らないからである。

（3）『市民論』はまず手稿のまま清書製本され、Elementorvm philosophiae section tertia de cive, Paris, T. H., 1641 としてデヴォンシャー伯爵に献呈された。翌年、私家版として印刷され、一六六七年にアムステルダムのエルセフィエル書店によって公刊された。表題が哲学要論第三部となっているのは、第一篇物体論と第二篇人間論と併せて哲学体系を構想していたからである。一六六七年に三篇を合わせて出版されたが、そのまえに『市民論』の単独英訳版が出版された。*Philosophical rudiments concerning government and society*, London, R. Royston, 1651 である。邦訳はラテン語版による。ホッブズ『市民論』本田裕志訳、京都大学学術出版会、二〇〇八年。オランダでのホッブズ受容については、下記を参照：Colnelis W. Schoneveld. *Intertertraffic of the mind*. Leiden, Brill, 1983.

いまでは陛下である人〔皇太子時代のチャールズ二世〕がパリに来たとき、ホッブズ氏はかれに数学を教えるという光栄をもったが、かれは（テューターということばが大学の外で何を意味するかを知らない）あなたが、まちがってそれについてかれを非難したり、あるいは、仮にもかれを陛下の家庭の召使と呼んだりするように、自分を国王の教師であると呼んだり思ったりするほど、軽率または無知であったことは決してなかったのである。このときにかれは、パリの近くにいて、イングランドに帰ることを励まされもせず希望しもしないままに、『リヴァイアサン』を書いて出版したが、陛下の不利益をはかろうとか、オリヴァー（護民官になったのは三年か四年あとであった）にへつらおうということも、自分の帰国の道を開こうということも、まったく考えていなかった。というのは、それはほとんどどのページにも、かれ〔クロムウェル〕とあなたやそのほかのあなたのような人々との双方に対して、あなたがたの嫌悪すべき偽善と悪事を非難しているからである。

あるいはまた、あなたがまちがってかれを非難するように、かれは陛下を見捨てたのでもなく、そのことは陛下自身が知っている。さらにまた陛下は（あなたが失礼にもそういうように）困窮していたのでもなかった。かれは国王としての称号、権利、尊敬をもち、忠実な召使たちを身辺に維持していた。ホッブズ氏が帰国したことは事実である。しかしそれはかれが、フランスの教会人たちのあいだで、自分の安全を信じようとしなかったからである。

あなたはかれが帰国の前にも後にも、オリヴァーから、あるいはかれの党派の誰かから、一度でもなにかの恩恵を求めたとか、かれの大臣たちの誰かとなにかで親しかったとかいうことを、知っているのだろうか。あるいは（あなたがかれの副官であるオーエン(4)に著書を献呈することによってそうしたように）かれらのうちの誰かに取り入ったということを。

（4）ジョン・オーエン John Owen（一六一六―八三）はオクスフォードの神学者であったが、長老派を支持し、ミルトンとともに独立派に加盟、内戦中は議会軍に参加した。クロムウェルのアイアランド、スコットランド遠征に同行し、その支持によってオクスフォードの要職に就いたが、政変によって大学から追放された。在野の神学者として、非国教徒の権利擁護の論争をつづけた。

あなたは一度でもかれが、陛下がかれに対してしたことを悪く受け取ったのを、あるいは陛下についてかれの最良の召使が語るのとはちがったように語ったのを、聞いたことがあるのだろうか。あるいはどのような機会にであれなにかの集まりのなかで、陛下を褒め称えるのに、かれが無愛想で黙りこみ、ためらいがちであったということを、聞いたことがあるのだろうか。

かれは自分の敵たちが誰であるか、かれらがどのような根拠で自分の諸著作を曲解したのかを知っている。

しかしあなたの軽率さがさらに明白に現われているのは、あなたたちがしたことを繰り返す機会をかれに与えたこと、あなたたちがかれを公然とみなしたようにかれがあなたたちをみなす機会を与えたことにおいてである。すなわち、あなたたちの公然で恐るべき諸犯罪を、あなたが見逃されてきたすべてについて、かれが繰り返し述べることを、いかなる公正さで否定できるのか。あなたがかれの罪だといつわって称し、同じく見のがされたと理解したものを、公表するときにである。

あなたが国王とその党派の手紙を解読して、それによって陛下の秘密を敵に渡し、かれの最良の友人を断頭台に送り、そのことを（ラテン語で書かれた）あなたの算術書のなかで世界に向かって、あなたの機智の記念碑として大学図書館に保存されるに値するものとして誇ったということを、かれが言って公表し、あなたが反逆者、裏切り者であったことを非難されるとすれば、あなたはどのように自分を正当化するのだろうか。いまではあなたは、あるいは誰かがあなたのために、いうだろう、あなたがそれらの手紙を解読したのは王の利益のためであったと。だがそれならばあなたは、議会におけるあなたの主人たちに誠実でなかったのだ。反逆を不誠実で免罪し、二重スパイであるとは、たいへん正直なこじつけ、勇気満点だ。それに、誰がそれを信じるだろうか。あなたが王にそういう利益を与えることを、誰が可能にしたのか。どうしてあなたはかれの敵と通じたのか。誰が王をそのようなものの支持が必要なところに追い込んだのか。それは最初にかれを見捨て、ついでかれに戦争を仕掛けた人々以外にはいない。かれらはあなたの友人でありホッブズ氏の敵であった。それどころではない。当時ホッブズ氏がもっていた敵で、はじめに王の敵でなかったものを私はひとりも知らない。王の敵はかれの敵なのだからだ。あなたがあの党に属することは（あなたが解読をしなくても）、国王を見捨てる以上のことになる。そのとき司教であった人々およびあなたがたが（部分的には）そのために戦争を始めた人々のなかには、国王に従って土地を離れたものはひとりもなく、かれらはまず議会の、次いでオリヴァー（かれの称号も行為もひとしく正当ではない）の保護のもとに平穏にくらしていた。これは（ホッブズ氏がそうであったように）かれらが出ていって追いかえされたのと同じように、悪いことではないか。私はあなたがかれらをすべて逃亡者と呼ばないように、（あるいはかれらが議会とオリヴァーの保護を公然とうけて、ここにとどまったという理由で）オリヴァーあるいは議会の最高権力への資格の擁護者と呼ばないように希望する。

あの議会にははじめに、かれらの不正な諸行為に同意して、本当に自発的に国王を見捨てた人が、どのくらいいただろうか。かれらの多くはのちに、よりよい判断にもとづいて、あるいはその分派に不満で（というのは、そういう人びとが議会が好むピム[5]派に属さないでいることは、むずかしかったので）、あるいはなにかほかの私的な目的で、議会を見棄てた。かれらのうちの幾人かはそこにとどまった場合よりも大きな害を、国王に与えた。（というのは、かれらはあなたのような人に脅されて、圧制への故なく突然の恐怖に陥り、その結果、妥協と分有によってかれを助けようとして、かれの軍隊の正当で必要な憤激を鎮めるまでになったのだが、かれの権利はその軍隊によってのみ回復されるはずであったのである。）

（5） ピム John Pym（一五八四—一六四三）はオクスフォードとテンプル法学院出身の下院議員で、短期議会における反国王派の代表者のひとり。

国王に敵対してスコットランド国民と盟約 Covenant[(6)] 関係にはいったこと自体が、きわめて大きな犯罪であり、あなたはそれについて罪がある。また、忠誠盟約 Engagement[(7)] を押しつけたことについても同様で、あなたはそれについても罪がある。それはそのとき議会によって行なわれたのであり、議会の民主主義原理をあなたは承認したのだからである。

（6） 盟約 Covenant は、革命の初期にイングランド議会が、国王軍に対する軍事的劣勢を克服するために、一六四三年にスコットランド軍の援助を求めたときの契約で、長老派支持と反国教会がふくまれている。The Solemn League and Covenant という正式名称は「厳粛な同盟と契約」と訳される。

（7） 忠誠盟約 Engagement は、長期議会政権に対する公務員の忠誠盟約。

あなたはまた、礼拝規則書を作った神学者たちの集まりを助けていて、それはのちに大使たちのふりをしたためにオリヴァーによって抑圧された。これは国王が生きていて軍隊のかしらであったときであり、その軍隊はあなた自身が努力すればあなたを守ったかもしれない。（国王がイングランド教会の首長であるのに）あなた自身の好みのままに、国王の承認なしに、礼拝規則書を作り、教会統治を変革し、新しい礼拝形式を設定するとは、なんという罪であろうか。法律家たちがあなたに説くことができたはずなのに。そのことから、どのような罰を期待するべきかを、国教会祈禱書の前に印刷された法令のなかに、あなたは見たかもしれない。

さらにかれ〔ホッブズ〕はつぎのようにいうかもしれないし、それは正当にもあなたが、オリヴァーによって、あるいは誰でもオリヴァーか議会の権威によって、行なわれたすべての反逆、謀殺、略奪のすべてについて罪があるということである。すなわち、近頃の騒乱期にオリヴァーと民衆の双方を狂気にしたのは、あなたの諸原理の説教者たちのほかの誰であろうか。しかし、邪悪さだけでなくその愚劣さをみよ。あなたはかれらを狂気にしようと考えたのだが、まさにあなた自身の展開にちょうど合うような程度に、そうしようとした。すなわち、狂気ではあるが、あなたとちょうど同じく賢いということである。あなたは狂気を制御しようと考えるほどに、たいへん軽率だったのではないか。かれらはパウロを知っていた(8)。しかしあなたは誰であったか。オリヴァーの手中に軍隊をおいた人々は、だれであったか(かれらは、まえにはかれと同じように狂気であったが、なにか大きな害悪をなすには弱すぎ曖昧でありすぎた)。その軍隊をもってかれは、ここ〔イングランド〕とスコットランドとの双方で、あなたのような人々に対して、神の義がもとめたことを執行したのだ。

(8)「パウロを知っていた」とは、使徒行伝二六章九—一一節のパウロの行動を知っていたということ。パウロはキリスト教徒に対する迫害者であったが、奇蹟にあってキリスト教に転じ、狂気といわれた。

したがって、あの反乱のなかで行なわれたすべての犯罪について(大逆罪もふくめて)あなたは有罪であった。そうだ、博士よ、（あなたの力か知恵で貢献することがいかに少なかったにしても）あなたの利益のためにあなたはかれらの大義に貢献するだろう。国王は山の中の鶉のようにかりたてられ、猟犬たちは絞首刑になったが狩人たちはそれと同じく有罪であり、それに劣らぬ刑罰に値する。そして解読者たちとラッパを吹いたすべてのものは、狩人のなかにかぞえられる。おそらくあなたは、獲物が殺されないで、生きて捕らえられることをのぞんだだろう。それでも誰がそれを語れよう。私は、自分の臣民たちによって権力をうばわれた国王が、その後長く生きたということはあまり聞いたことがない。その理由は誰でも推測できる。

このことはすべて、あまりにも明白で証人を必要としない。その間のホッブズ氏の行動は次のとおりであった。この情景に登場した人々のなかで、必要もないのに（戦場で国王の保護を求めていたならばそれがえられたであろうのに）、盟約や行為により、貨幣や地位により、反乱的な議会を援助するとか、あるいはかれ自身か仲間が陛下の利益に反する投票をすることによって、多かれ少なかれ赤面すべきものをもつ人々とはまったく違って、かれはそうでないことを私が知る、ただひとり（かれと同じ原理をもっていた少数を除いて）の人であった。そういう投票をしたもののなかの何人かは、それ以後、抜群の奉仕によって、正当に愛顧をうけた。そうだが、それはあなたにとってどうなのだ。あなたはかれらのなかにはいない。それでもあなたは、あえて罪なきものを非難する。あなたの説教のあのようにまちがった成果がでたあとで、説教したことが軽率ではなかったかのように。

私がさらに感嘆するのは、あなたがこれらのきわめて先験的な犯罪（絞首台への大きな負債）をゆるされたので、『リヴァイアサン』のなかの一語のためにホッブズ氏の喉をつかんで、悪意あり性急な解釈で間違いを犯したことである。というのは、そうすることによってあなたは、福音書の無情な巨額債務者のように、(9)（私の意見では）あなたの赦免を喪失した。そうすることによって、新しい債務なしに、いまでも絞首されるかもしれない。

（9） 福音書の巨額債務者は巨額の債務を主人に許してもらいながら、奴隷仲間の少額債務を許さなかったために、主人の怒りをかった奴隷をさす。マタイ福音書一八章二四節。

そのもうひとつの非難、すなわちオリヴァーの地位を守るためにかれが『リヴァイアサン』を書いたということに対しては、あなたはあなたの良心において、それがうそだと知っていると、かれはいうだろう。その本が出たとき、オリヴァーは何であったか。それは一六五〇年であって、ホッブズ氏は一六五一年より前に帰国し、当時オリヴァーは議会内のあなたの主人たちの下の、将軍にすぎなかった。しかもまだ、かれらからその横奪した権力を、騙し取ってもいなかったのである。すなわちそれは、二年か三年あとの一六五三年になるまで、行なわれなかったのであって、かれもあなたもそれを予測することはできなかった。当時はオリヴァーのどのような称号を、かれは正当化すると主張できたのか？　だがあなたはいうだろう、かれは統治権をどこであれ力のあるところにおいたのであり、したがってかれはそれをオリヴァーにおいたのだと。それがすべてか？　それではかれの『リヴァイアサン』は、なによりもまず議会におけるあなたの主人たちのためを、意図していたことになる。なぜなら、そのとき力はかれらにあったからだ。かれらはなぜ、かれらもオリヴァーも順々に、それについてかれに感謝しなかったのか。そこで（博士よ）あなたは解読を誤った。というのは、それは戦争において陛下の側に参加したか、あるいは別のやりかたで陛下の権利と身柄を、反徒に対して全力で守ろうとした、多数で誠実なかれの召使と臣民のために書かれたのだからである。その場合に、ほかに保護を得る手段がなかったり、（ほとんどすべては）生活の手段がなかったりして、生命財産を救うためにあなたの主人たちと妥協して、服従を約束せざるをえなかったので、かれはその著書のなかで、かれらが合法的にそれをなしえたこと、したがって勝利者に対して武器を取るのは合法的ではなかったことを、確認した。国王に対する自分たちの義務を遂行するのに最大の努力をした人々は、義務とされえたすべてをしたのであり、したがって自分たちの生命と生計の安全を、どこにもとめても自由であって裏切りではなかったのである。しかしその本のなかには、あなた（あるいはあなたのような人）が、国王がそこから追い出されたあとの議会に、あるいはオリヴァーに、隷従することの正当化はなにもない。なぜならあなたは国王の敵だったのであり、自分自身が拒否し、否定し、敵対して戦い、滅ぼした、当の保護について、それの欠如をいうことはできないからである。もしある人が貴方から借金をしていて、あなたがかれから盗むか、かれを侵害するかして、かれが返済できないようにするならば、それはあなたの失敗である。といって、借金証文の条件に債権者が盗まないかぎりという除外例をいれるまでもあるまい。保護と服従は相対的である。保護がないのでそれを求めて敵に服従していいということは、服従した者についていいわれるのでなければけっして意味をもち得ない。しかしかれのことばを考察しよう。それは三九〇ページにある。

かれはそこで自然法について次のようにいう。各人はかれとして可能なかぎり、平時において自分が保護されている権威を、戦争において保護するように義務づけられる。（邦訳『リヴァイアサン』岩波文庫、四：一五九）

それを私は、神に反せず理性にも反しない原理であると思う。それを確認するためにかれは、どの時点で臣民が不正な征服者への臣従を義務づけられるのかを規定した。それは次のとおりである。「征服者に服従する自由をもつのは、かれが明言またはなにかほかの十分なしるしで、かれの臣民であることに同意する時点である。」（四：一六〇）

博士よ、私は、人が最初の主人に対してできるかぎりのすべてをしなかったのに、どのようにして、新しい主人に服従する自由をもつのか理解できないし、もしかれができるかぎりのすべてをしてしまったならば、どうしてその自由がかれに対して拒まれるのだろうか。人がもしトルコ人に捕らえられ、前の主人と戦うことを恐怖によって強いられたならば、私はかれがそのことのために殺されても、敵としてではあっても犯罪者としてではないことを理解する。あるいは、服従する自由をもつかれが同時になぜ、服従しないように拘束されるのかを、私は理解できない。

しかし、あなたはおそらく、次のように言うだろう。かれ〔ホッブズ〕はその自由がえられる時間をオリヴァーに有利に決定したのであって、それについて次のように言っている。「通常の臣民にとっては、それはかれの生存手段が敵の衛兵・守備隊にかこまれたときであって、そのときかれは、敵に寄与することによって敵から受ける保護のほかには、保護がないのである。」（四：一六〇）かれとしては、あなたやそのほかのかれの敵たちがもっていると誇るほどの、すぐれた理解力の所有者たちに対しては、かれら自身の反逆によってそれらの部隊に入るのでなければ、例外として説明する必要がなかったのである。あなたはオリヴァーの党が、オリヴァーへの服従に対してそういう保護を受けていないと、言い張ることができると思うのだろうか。

したがってそのことばは、いま言った例外なしに、かれにとって次のこと以外を意味するものではない。戦争において国王を保護するために自分としてできるかぎりのことをした人々は、そのあとはかれらとして手に入れうるかぎりの保護を求める自由をもったのだ、ということであり、生活手段をオリヴァーの部隊に握られている人々にとっては、それはオリヴァーの保護であった。

戦争に負けてあなたがすべてを敵にゆだねたとき、服従を条件として助命をうけることを、あなたは法に反すると考えるのだろうか。あるいは、その条件で助命を受けたとして、あなたは、約束を破り、命を助けてくれた人を裏切って謀殺することを、本気で考えるのか。もしそれが立派な学説であるならば、誰にであれ捕虜に助命を与えるものは、おろかな敵だということになるだろう。

そこであなたは理解する。オリヴァーへの、あるいはそのときのあなたの主人たちへの、この服従がホッブズ氏の学説によってゆるされるのは、国王の誠実な党だけに対してであって、かれに向かって戦った誰に対してでもなく、かれらがそれを国王と議会のために戦ったのだといってどのように彩ろうとも、そうなのである。あるいは国王の大義に反対して書いたり説いたり、かれの敵をはげましたりした誰に対してでもなく、かれの計画を裏切ったり、かれまたはかれの将校たち、または誰であれかれの党人の、手紙を横取りまたは解読した誰に対してでもなく、いかなるやり方によってであれ、陛下の教会的または政治的な権力を減少させるのに貢献した誰に対してでもなく、それはかれらのうちの誰をも、その忠誠から解除するものではないことを。簒奪者への強制された服従によって暴力的な死からまぬがれることを、憎むべき罪悪としたあなたは、簒奪的議会に自発的に服従することが、どのような犯罪であったかを、考察したはずである。

さらに私はあなたに、かれが総括とよんだ最後の章に、なぜ次のことばがおかれたかを語ることができる。その当時は、おおくの高貴の人々がいて、かれらは国王の誠実で穢れのない召使であり、かれの軍隊の兵士であったので、領地を没収されていた。かれらのうちのあるものは逃走したが、その財産はすべて(オリヴァーのではなく)議会の手にゆだねられていた。それらのうちのあるものは示談がゆるされ、ほかのものはゆるされなかった。示談ができたものは、その示談によって、かれらが(もし外にいて)没収されたとした場合よりも、議会を助けることが少なかったのであるが、それでも悪く言われたのであって、失うべき領地をもたなかった人々や、示談ののぞみのない人々によって、とくに悪く言われた。かれはこのことについて、これまでに書いたことに、次の警告をつけくわえたのである。すなわち、かれらが示談をしようとするなら、反逆の意図なしに、善意でしなければならない、というのである。かれはこの警告で、かれらの〔議会への〕服従を、以前の従順と現在の窮乏によって正当化したのである。これに対して無神論を嫌うと称するあなたは、窮乏によって示談した人々を断罪し、反逆を正当とする。しかもあなたはそうする理由をもっていた。というのは、そうでなければあなたたち自身を正当化できないからである。その後発生した諸困難によって、陛下は多くの善良で有能な臣民を失い、かれらの領地の没収によって、オリヴァーを強化した。もしかれらが敵の内部不和に注目していたら、それらは救うことができたかもしれないのである。

おそらくあなたは、陛下がホッブズを嫌ったことを、かれの悪意のしるしと考えるだろう。たしかにかれはしばらくのあいだ嫌われたと、私は信じるが、しかし非常に長くではなかった。このことについて不平を言い、かれの著作を誤解した人々は、陛下の善良な臣民であり、賢明で学識ある人々として知られていたので、そのことによって、わずかのあいだながらかれらの誤解が誤解ではなく正しいと信じられた。しかしながら、かれがここを離れてすぐ次の夏に、宮廷の高貴の人が二人、イングランドにやってきて、かれについて陛下が好意をもっていると語ったし、そのあとでほかの人々も私に、陛下が公然と、ホッブズ氏が自分に害をなそうとしたことは決してなかったと思うと、語ったことを告げた。そのうえ、陛下はかれを、かれのような低い身分の人、あなたが大変な非行者に仕立て上げようとしたかれに対して、通常なされるより親切に任用し、贈り物によってかれへの尊敬を立証した。ここからあなたはいま、陛下がかれの著書を、かれの非難者たちよりよく理解していたということ以上の、どういう議論をひきだすことができるだろうか。

次に私は、あなたがどのような根拠で、かれ（およびかれの『リヴァイアサン』を承認したすべての人々）を無神論者として非難するのか、感嘆する。私は一時、あなたがかれのあたらしい神学とよぶものにあたえる中傷に、いくらかの（しかし強固ではない）根拠があると思った。しかしその点についてかれは、かれの『リヴァイアサン』二三八ページの次のことばを主張するだろう。

それによって私には（それにもかかわらず、これ及びそのほかすべての、聖書によって決定される問題において、私が市民であるコモンウェルスによって権威づけられた聖書の解釈への服従をもって）以下のように云々と思われる（三：一三六）。

これらのことばのなかにあるのは、謙虚と従順以外のなんであろうか？　しかるにあなたは、このとき実際に反乱のなかにあった。宗教をひとつの法律とみなしているホッブズ氏はさらに、かれの意見のどれかがその法律に反するという主張を、当然、断罪した。それらについてあなた自身の理由でかれを非難するあなたもまた、あなた自身の学識によって、かれの唯一の証拠である聖書がどこでかれによって、誤引用または誤解釈されたかをしめした。（なぜならかれは諸法にすなわち国王の学説に服従したのであり、あなたの諸法にではなく）あなたがそのとき敵対したその法の力によってえられた勝利を誇ったのではないからである。

無神論のもうひとつの主張の証拠をあなたは、物質的または物体的実体をかれが否定したことからとっている。ここで、誰でもいいから、公平にかれの宗教とあなたの宗教を、まさにこの尺度によって比較させよう。そして両者のうちどちらが無神論に好意的であるかを、判断させよう。

すべてのキリスト教徒によって告白されていることは、神は理解を超えるということであり、それはすなわち、神の名をいうことによってわれわれの想像のなかに、形、色、像、本性のどれにおいてもそれに似た何かが出てくることは、ありえないということである。かれについての観念というものはない。かれは、われわれが考えられるかぎりでは、無のようなものである。それではわれわれは、かれについてどのように言うべきだろうか。われわれが考えているのと違ったように語るのでなく、またかれを讃えようとする人々によってふさわしいとされたのでもなく、どのような属性がかれのものとされるべきであろうか。ホッブズ氏が帰属させた次のことのほかに何があるのか。かれが帰属させたのは、尊敬の諸表現すなわち、人々の間で称賛のしるしとして使用され、その結果、善良さ、偉大さ、幸福をあらわし、絶対的によい、清い、強い、祝福された、正しい、賢い、慈悲深いなどといわれ、あるいは最も善良な、最も偉大な、最も強力な、全能の、最も神聖なないどの最上級でいわれ、あるいは何であれ完全でないものについて、限りがない、永遠のなどのようにいわれる否定的な諸属性であって、理性と聖書が称賛すべきものとして承認したもの以外には、何もないのである。これが、ホッブズ氏がかれの『リヴァイアサン』と『市民論』の両方で書いておいた学説であり、かれは機会があればそれを主張するのである。非物質的または非物体的な実体とは、私は聞きたいのだが、いったいどのような属性なのか。あなたはそれを聖書のどこにみつけるのか。それはプラトン、アリストテレスすなわち異教徒たち以外の、どこからここにきたのか。かれらは、まばらな住民の頭脳がねむっているのをみて、多数の非物体的人間がいるのだと誤解したのだが、それにもかかわらず、物体的なものだけに適する運動ということを、それらに許容したのではないのか。あなたは、これらのことのどれかであることが、神にとって名誉であると思うのか。また、あなたはキリスト教をプラトンとアリストテレスから学ぼうとするのか。しかし聖書にはそういう言葉がないのをみれば、あなたはどのようにして自然理性によってそれを立証するのか。プラトンもアリストテレスも、非物体的精神について、まったく書いたことがなかったのであって、なぜならかれらは、かれらのことばではプネウマ（πνευμα）、（われわれのことばでは風）である精神が、どうして非物体的でありうるかを、理解することができなかったのである。あなたは実体と非物体的との関係を、理解しているのか。もしそうであるならば、それを英語で説明されたい。なぜならそのことばはラテン語なのだから。それは身体をもたずに、――に属するあるものであると、あなたは言いたいのだろうが、何に属するのか？　偶有性に属するとあなたは言いたいのか。ほとんどすべての教父たちは、あなたに反対するだろう。それではあなたは無神論者なのだ。ホッブズ氏が神の属性をきめるやりかたは、聖書が帰属させているものだけを帰属させる、あるいは名誉になるもの以外は決して帰属させない、というのではなかったか？　それはあなたがたがわれわれに対して神の本性を考察し解読する、この大胆な理解にはるかにまさっている。

あなたがあげる無神論の第三の証拠についていえば、それはかれが次のように言っていることであって、すなわち、「この世界の創造のほかには、神性を証明する証拠はなにもない」とか、「この世界が始まりをもっていたことを、何かの証拠によって証明することはできない」とか、「いいか悪いかは、証拠によってではなく為政者の権威によって決定される」ということである。それは聖書によって決定されるべきだということを、かれは決して否定しなかった。したがって、これについてもまた、あなたはかれを中傷しているのだ。さらにまた、自然理性による証拠については、あなたも、ほかのだれでも、これまでに持ち出したのは、（創造をのぞいて）それを多くの人にとって以前にもまして疑わしくするものでしかなかった。そのような証拠についてかれがこれまでに書いたのは、著書の『物体論』*De Corpore* においてである。「知恵の最も主要な果実としての無限と永遠の本性にかんする諸意見は（とかれはいう）神が自分自身に留保して、かれが宗教を定めるときに代行者として使用しようとした人々を、それらの意見についての判決者とした。それだから私は、この世界の始まりの自然理性による証明を自慢する人々を、称賛することはできない」。さらに二二八ページで、「無限と永遠にかんするこれらの問題に出会えばどこにおいても私は、自分が聖書で学び、奇跡と自分の国の習慣と法に対する当然の敬意によって確認された、この世界の始まりと大きさに関する学説で満足するのである」。博士よ、これは間違った言いかたではないが、それでもこれが、あなたがゆがんだパラフレーズのかげで汚く逃げ出すためにおこなった中傷の、基礎としたすべてなのだ。

(10) 神性は deity の訳語であるが、人類に対して神類というものを考えるとわかりやすいだろう。神の性質をもったすべての存在をふくむ。

これらの意見は、神が宗教を定めることをゆだねた人々によって、言いかえれば教会の最高統治者たち、すなわちイングランドでは国王によって、判断されるべきであったと、私は言った。かれの権威によって、これらの問題について（人々が何を考えるべきかではなく）何を言うべきかが、決定されるべきだと私は言うのだ。そして私には、あなたがそれをあえて否定することはありえないと思われる。なぜなら、そうすることはあなたの以前の諸犯罪に、戻ることだからである。

しかし、なぜあなたは国王を為政者と呼ぶのか？　あなたは、どこでも為政者とは最高権力をもつ人物をあらわし、どこでも主権者の役人たちではないということを、知っているのか。私はあなたがそれを知っていたと思うのだが、しかしあなたとその仲間たち（あなたの仲間たちと私が呼ぶのは、同じ犯罪の不潔物で覆いつくされてだれかれの区別がない、すべての人々である）は、諸君の合議体を主権者に、国王を諸君の為政者に、しようとした。私は諸君が、機会が現われれば依然としてそうしようと思うのではないことを、神に祈る。

これまでのところホッブズ氏の学説のなかには、無神論のしるしは何も見あたらなかったし、非物体的実体の否定から推論できるものはすべて、教父たちのなかで最古のひとりであるテルトリアヌスと、(11) ギリシャ教会の博士たちのほとんどを、かれと同じく無神論者にする程度のものである。というのは、テルトリアヌスはかれの論文 De Carne Christi「キリストの身体について」[XI 4] のなかで明白に、「存在するものは、なにかの実体があるものである。存在しないものでないかぎり、実体をもたないものはない」omne quod est, corpus est sui generis: nihil est incorporale, nisi quod non est. と言っているからである。すなわち「何物かであるものはすべて、その種の物体であり、存在しないものを除けば、何物も非物体的ではない」というのである。かれのなかにはそのほかにも多くの、同じ目的の文章がある。なぜならその学説は、かれにとっては、キリストは身体をもたず、霊であったとする人々の、異端を拒否するのに役立つからである。さらにまた、魂についてもかれは、見えない物体としてかたる。また、東方教会の学説の抄録があって、そのなかで次のようにいわれる。すなわち、かれらは天使たちと魂たちは物体的であると考え、かれらの身体がわれわれの身体のようではないということだけで、非物体的と呼んだのである。そして私の聞くところでは、コンスタンティノポリスのある大主教[12]が、そこで行なわれた会議で、天使たちを描くことの合法性を主張し、このことからかれらは物体的だと主張した。無神論においてあなたがどんな連中をホッブズ氏にむすびつけたか、あなたのみるとおりである。

(11) テルトリアヌス Tertullianus（一五〇／一六〇—二二〇以後）はカルタゴ生まれで、三世期の神学論者。

(12) bishop はキリスト教会内の指導的な職務の名称であるが、日本ではイギリス国教会とギリシア正教については主教と訳し、カソリックについては司教としている。新教諸派については定訳はない。

あなた自身の宗教がどれだけ真実のものであるかは、私がすでに詳述したあなたの行動から、強力にかつ明示的に主張されるかもしれない。あなたは自分が、二十年にわたってずっと、あのように嫌悪すべき罪を、病気や情念の突然の高揚によってではなく、あらかじめ考えて、意図的に犯したと考えるのか。その罪は、あなたが天国と地獄について説教するのを聞いた理性的な人間ならだれでも、あなたが自信をもっていると考えることができるものであるし、諸君が相互にはペテン師と詐欺師として信頼せず、うまく取り込んだおろかな民衆があなたたちを信じているのを嘲笑するということであり、あるいはそれについてあなたは自分の機智を誇らないのである。私はといえば、ひとりのならず者ができあがるのに非常に多くの機智が必要だということを、決して理解できなかったのであるが。そして説教壇では、諸君のほとんどは、反乱を説き徳をののしり、キリスト教にとってつまずきの石であった。諸君は不正な野心、貪欲、暴食、悪意、政府への不服従、欺瞞、偽善への反対を説いたはずであった。しかし諸君が説いたほとんどすべては、だれが最高であるべきかについてのあなたがた自身の論争であるか、あるいはそのほかの無益無効の諸教義であった。諸君のうちの誰かが、いつ偽善への反対を説いただろうか。諸君は教会を物笑いにしないために、説教壇でそれを言う勇気がないのだ（と私は思う）。とくにあなたが、ある説教でホメロスのなかには賢慮 Sophos はなかったと言ったとき、それは真実ではあったが、真実でなかったと同じく、民衆は何を学ぶことができたであろうか（すなわち、それはホメロスのイリアスの一五編三六三行にある）。

私が聞いたもうひとつは、神は大きな危機においてでなければ、決して重大な評決をあらわさないという教義についての、かれの説教の半分であったが、それはたしかに真実であった。なぜなら危険の大きさは評決を重大なものとするのだからである。しかし同じ理由でばかげていた。残りの半分をかれは、自分の説教文のギリシャ語の解釈につかった。それにもかかわらずそのような説教は、たいへん称賛されている。だが、どうしてだろうか。第一に、かれらは民衆を、いかなる悪徳にも恥じないようにしたからであり、第二にかれらは、説教者が統治または統治者たちを非難するのを常とすることを好むからであり、第三にかれらの激しさのためであり、それをかれらは熱心さと誤解しているのである。第四に、かれらが自分たちの目的について熱心であるからであり、かれらはそれを敬神の熱意と誤解している。そのほかに私は、青年狂信者たちのさまざまな説教を聞いたが、私はかれらの説教と気質から、かれらは徒弟であると想像したし、かれらの説教と諸君のような人々の説教との間には、知識、雄弁、熱意、一般民衆の称賛のどれについても大差がないことがわかった。

したがって私は諸君がどうして（教会儀式の免除へのあなたの請願のなかで主張しているように）同調する人々より優れた説教者であるとか、ほかの人々より柔らかな良心をもっているとか、主張できるのか、疑問に思う。そのような黒い企図を聖書の言葉で覆い隠してきた諸君が、どうして同じように心のなかで、黒いガウンを白い法衣で覆い隠すことを思いつかなかったのだろうか。あるいは、法律が要求する十字のしるしを作るにあたって、どのような偶像崇拝をあなたたちはおもいついたのだろうか。諸君は罪を犯さずに同調することができると、私は思うが、それでも私は諸君が、教会の信仰箇条に同意したほかの牧師たちと同じようなやり方で、免除〔回避〕したならば、諸君もまた罪を犯さずに免除されえたとおもう。そしてもし良心の柔らかさが立派な弁明であるならば、諸君はホッブズ氏にも、かれの新しい神学について、諸君と同じく良心のやわらかさを主張することをゆるすべきである。私がさらに疑問としたいのは、どうして諸君のうちの誰でもが、集まった群集に向かって、何を言うかについて陛下によって限定されることなく、進んで話しかけるのか、とくにわれわれはいま、それによる痛みを感じているのに、ということである。それは民衆をかれらの国王たちまたは他の政治的統治者たちへの強すぎる接近から切り離すための、法王たちの教会政策の痕跡でしかありえない。

しかし諸君はおそらく、次のように言いたいだろう。聖職者、主教、監督派のうちの残りのものは諸君の友人ではないが、かれらの職務についてホッブズ氏は決して何も書かなかったし、かれの宗教について諸君以上の好意をもっては語らなかった。

たしかにかれは、監督制に反対しては決して書かなかったが、かれの私的な意見は次のとおりであった。すなわち、現在イングランドに存在するような監督制[13]は、キリスト教徒の国王がキリストの羊群を統治するのにもっとも都合がよく、主教たちがかれらの統治の間違いについて国王に責任を負い、神にも負うのと同じく、国王は統治の間違いについてキリストに対して責任を負うのである。またかれはそれらのうちのどれについても、かれらの人柄について、悪く言うことは決して〔な〕かった。それだから私は、かれらのうちの何人かについての容赦ない非難は、法王派の野心の毒がなお残存している遺物が、あの反乱的な精神的権力と政治的権力との区別と分割のなかに忍び込んだのをみるのでなければ、理解しがたかった。その遺物は、学識において競争者となるすべての人々を傷つける（ローマの聖職者層がガリレオを傷つけなければならなかったように）力を愛する人々が、進んで捨てようとはしないのである。すべての主教があらゆる点で、互いに似ているのではない。ある人々はかれらの権威を、国王の特許状によって維持することで満足しているかもしれないし、こういう人々はホッブズ氏に対して腹を立てる理由がない。かれらと違って、何かそれ以上を必要とすると思われる人々がいる。かれらは神権について、按手[14]の力による統治について、聖職授任について何も知らず、自分たちの力を国王から受けていることを認めずに、キリストから直接に受けているとするのである。おそらくこれらの人々は、かれに不満であり、それはかれとしては仕方がないこと、あるいは不当なことであった。しかしかれらは、国王だけを分権者なしにかれ自身の領土内のすべての教会の首長として信じるほどであり、国王は諸儀礼なしでよく、また聖書と自然的公正に反しなければ、そのほかの何をもっていてもいいとし、さらにいまでは貴族院と庶民院の同意がかれにその力を与えることはできず、民衆のためにかれらの助言と同意を与えることができるだけだとするのである。あるいはまたかれに、国家の安全は教会すなわち聖職者層の安全に依存すると、信じさせることもできないのではないか。なぜなら聖職者層がまたコモンウェルスにとって本質的なものではなく、反乱を説教した牧師たちも、それの一部であるとも最良のものであるとも、自称したのではないからである。かれの信じるところではむしろ、教会の安全が国王の安全および最高権力の全体性に依存するのであり、国王はそれぞれの羊の羊飼いにすぎない牧師や主教の誰かの羊群のひとりではなく、キリストだけの羊群のひとりなのであって、それは羊飼いがかれの羊群の一部分でないのと同じであり、全聖職者は全民衆と同じく国王の羊群なのである。あるいはまた、かれの敵たちの喧騒がホッブズ氏に、自分はかれらのうちの最良のキリスト教徒に劣るものであると、考えさせるわけでもない。そのことを諸君はどのようにして、市民法と教会法へのかれの不服従または何かの醜い行為をあげることによって、反証しようとするのか。あるいはまた、不正への軽蔑から生じる服従が、罰への恐怖や利益への期待からくるものよりも、神にとって受け入れにくいものだということを、あなたはどのように証明しようとするのか。容貌の荘重・重厚は神の好意を保証するしるしとして、人々に対する元気よく、寛大で、高潔な態度に及ばない。そういう態度は、論争された学説を熱心に主張することにまさる、宗教のしるしである。したがって私は、あなたやかれらを不快にしたのは、かれの神学ではなくて、何かほかのことだったと、本当に納得している。それが何であるかを諸君は、隠そうとはしないだろう。あなたを怒らせた諸君の党についていえば、それはかれの『リヴァイアサン』の八九ページの次の文章であったと私は信じる。

（13）監督制 Episcopalism はイギリス国教会の教会制度。

（14）按手 ordination とはキリスト教会で信者を重要な職務（正規の牧師職など）につかせるときの儀礼で、その人の頭に手をおくこと。

ある人々は、かれらの主権者に対する不服従について、人々とではなく神との間に結ばれた、新しい信約を口実としてきたのだが、これもまた不正である。なぜならば、神との信約は、神の人格を代表する何ものかの媒介によらなくてはありえないのだが、それをするのは神の代理人だけであり、かれは神のもとにおいて主権をもつのである。しかし、神との信約というこの口実は、そう称するものたち自身の良心においてさえ、きわめてあきらかな虚偽であって、それは不正な性向の行為であるばかりでなく、卑しい、男らしくない性向の行為だとされるほどである。（邦訳二：三七）

そのうえ、かれが国王を、説教されあるいは出版されるべき諸学説の判定者としていることが、諸君の双方を怒らせた。かれがすべての聖職権力を政治的主権者に帰属させたことについても、同様であった。だがこのことは、主権が王妃にある場合には、おそらく困難だと思われるだろう。しかしそれは諸君が、理解する繊細さがないからである。人間は男であり女であるが権威は男でも女でもないということを。どちらかの党を喜ばせるのは容易だが双方をともに喜ばせるのは、諸君がいまよりもよく諸君の内部で一致することができなければ、不可能である。諸君の不一致は王国を苦しめ、まるで諸君が、ヨークとランカスター両家[15]の復活であるかのようであった。人は疑問とするだろう、聖書が英語であるのに、国王と議会が、特に国外からの危険があるときに、諸君をとうてい静かにしておけないほどに、わずかのラテン語とギリシャ語が強力に作用するのはどうしてなのかと。もし諸君が争いを必要とするなら、それは諸君のなかで決定するべきであって、民衆を諸君の諸党派のなかに引き込んではならない。

(15) ヨークとランカスターは、イングランドの王位継承戦争（ばら戦争〔一四五五―八五〕）で王位を争ったヨークとランカスター両侯爵家。

諸君はまた、かれがスコラ哲学者たちを非難し、次のような見事なものを否定したことについても、怒っている。すなわち、諸物体の外見あるいは現われは、われわれが見ているものから出てわれわれの目に入ることによって、われわれに見えさせ、悟性に入ることによってわれわれに理解させ、記憶に入ることによってわれわれに思い出させるとか、物体はまさに元のままでありながら、それより大きくも小さくもなりうるとか、永遠とは永久のいまであるとかいうことと、類似のさまざまなことである。さらにローマの聖職者層の欺瞞を、諸君が適当と考えたより以上に暴露したことについても、そうである。あなたがかれの神学を嫌っていることは、諸君がかれを無神論者とよぶことの、最小の理由であるが、いまはこのことについては、これだけにする。

諸君の軽蔑項目の次は、かれを軽蔑するべきものとし、ボイル氏(16)を動かしてかれを哀れませることである。これは、気がきいていると考えられるには、あまりにもたびたび使われた罵りかたである。問題そのものについて言えば、私は諸君の情報が悪いのではないか、諸君の代数学者たちと非国教徒たちは互いに慰めるために、喜んでそうしているだけではないかと疑っている。あなた自身についていえば、あなたはかれを軽蔑していない。そうでなければ、あなたがその著書のはじめにホッブズ氏を考察するという題をつけたのは、非常に愚かだったということになる。それはかれがあなたにとって、十分に考察すべきであることを証拠立てている。そのうえ、かれについてあれほど何行もの怒りの言葉を使い、それがあなたのいくつもの説教になるほどだというのは、決して軽蔑の証拠ではない。もしあなたが真剣にかれを軽蔑してしまったならば、かれをひとりにしておけばよかった。それはかれが、あなたと同じようにかれを罵ったウォード博士、バクスター氏、パイク[17]についてしていることである。海外でのかれの評判はといえば、それはまだ衰えていない。あなたはおそらく、それを知る手段をもたないだろうから、私はあなたのために、ある学識あるフランス人がフランスのある高位の人に宛てた手紙から、いま問題になっている論点について的外れでない文章を引用しよう。それは一巻の手紙のなかの四番目で、一六七ページの化学者たちに関する次のような言葉である。

(16) ボイル Robert Boyle（一六二七―九一）はオクスフォードの自然哲学者、科学者、王立協会の創設者のひとり。自然科学研究における実験的方法の普及に努めたが、かれ自身はそれによって大きな成果を上げたわけではなかった。ホッブズとの対立は実験の評価にあり、ホッブズは王立学会 Royal Society の創立メンバーからはずされた。

(17) ウォード、バクスター、パイクのうち、前のふたりは Seth Ward（一六一七―八九）と Richard Baxter（一六一五―九一）である。ウォードは数学者、天文学者で、オクスフォードの天文学の教授であり、当面の論敵であるウォリスとならんで、ホッブズ批判の双璧であった。バクスターは独学の長老派牧師で、内戦期には議会軍と行動をともにしたが、注(6)の盟約に反対し、クロムウェル政権にも批判的だった。パイクはセント・デヴィッドの主教 William Lucy（一五九四―一六七七）の仮名で *Observations…of divers errors …in Hobbes's Leviathan.* London, 1657 の著者。実力は前の二人にはるかに劣る。

たしかに私は、かれらが見事に蒸留器を密閉し、リキュールを濾過し、アタノール炉をつくるのをみて、おおいに感嘆しましたが、かれらが自分たちの実験の主題について述べているのを聞いて、同じくらいいやになりました。それでもかれらは、自分たちがしているすべてのことは、自分たちが言うこととなんの関係もないと考えています。私はかれらが苦労も責任も少なくするといいと思います。かれらが仕事のあとで手を洗いながら、自分の論述に磨きをかけるのに配慮している人々に向かえばいいと思います。私が考えているのは、ガリレオ、デカルト、ホッブズ、ベーコン、ガセンディ(18)のような人々であって、そういう人々の仕事について考え、学識と分別のある人々が、さまざまな物事の違いを見分けるのにどうするのが常であったかを、かれらに語るのを聞くといいでしょう。どちらも知っているその業を満足して使うべきだと、私は意見しましょう。Quam scit uterque libens censebo exerceat artem.(19)

(18) ガセンディ Pierre Gassendi（一五九二―一六五五）はフランスの哲学者で、デカルトを批判し、エピクロスを高く評価した。ホッブズは亡命中に、かれと親交を結んだ。ガッサンディではなくガセンディとするのは Duden その他の発音辞典による。かれについては下記を参照：Olivier René Bloch, *La philosophie de Gassendi.* Nominalisme, materialisme et métaphysique. La Haye, Martinus Nijhoff, 1971. 本書にはボルケナウへの言及が何度か見られる。

(19) ホラティウス Horatius Flaccus（紀元前六五年十二・八―紀元前八年十一・二十七）は古代ローマの文学者、詩人で、ラテン語短文はかれの手紙からの記憶による不正確な引用。*Optat ephippia bos piger, optat*

area caballus quam scit uterque libens censebo exerceat artem. [Horati Flacci Epistvlarvm, I. 14. 44.]

さらに同じ目的のために追加できる。

ここで化学者たちについて言われていることは、ほかのすべての技術者にあてはまる。余分の貨幣を持っている人は誰でも、溶鉱炉を手に入れ、石炭を買うことができる。余分の貨幣を持っている人は誰でも、大きな鋳型を造り、職人たちを雇ってガラスを磨かせることを、企てることができ、そのようにして最大最良の望遠鏡を持つことができるだろう。かれらはエンジンを造らせて、それを星に適用することができる。処方箋を作らせて結論を確認することはできるが、このすべてにもかかわらず、かれらが哲学者としてそれだけすぐれたものになるのでは決してない。新奇または有用な楽しみに貨幣を使うのは、褒めるべきことであると私は告白するが、それは哲学者への称賛のなかには含まれない。しかも、大衆は判断ができないから、かれらは不熟練でありながら、自然哲学の全部門について熟練者とみとめられるだろう。そして私はいま、フゲニウスとエウスタチオ(20)がかれらのガラスについて、二人のうちのどちらが光学に熟達しているかを、確かめられることになったと聞いた。だが私としては、ホッブズ氏の著書『人間論』が現われる前に、その主題についてわかりやすく書いたものを、まったくみたことがないのである。あなたはいまあなたのいつもの聡明さをもって、私に向かって、私がエウクレイデスやウィテリウス[21]やその他多くの光学書を決して見たことがないのだと言わないのか。まるで私が幾何学と光学の区別をつけることができないかのように。

(20) フゲニウス（ハイヘンス Christian Huygens, 1629–95）はオランダの数学者、物理学者、天文学者で、エウスタチオ（Eustachio Divini, Bartolommeo, 1524?–74）はイタリアの解剖学者であり、それぞれの業績によって有名であるが、時代的に直接の交渉はありえない。

(21) エウクレイデスはいうまでもなく英語読みのユークリッドだが、ウィテリウス（Witelius, c.1230–c.1275）は、ドイツ出身、光学論文でケプラーなどに影響を与えたとされる。

そのほかすべての学芸についても同様で、したがって、海を越えてあたらしいジン[22]や気取った手法をもってくるすべての人が、それだからといって哲学者なのではない。なぜなら、もしあなたがそのように評価するなら、薬剤師たち、造園師たちだけでなくその他多くの種類の職人たちも、取りあげられて賞をえるだろう。そこでもし私が、グレシャム学院[23]の紳士たちが運動理論に専念するのをみれば（ホッブズ氏はそれを完成したのであり、もしかれらがそれを希望し、かれを丁重にあつかうならば、かれはそれについて、かれらを助けることをためらわないだろう）、私は自然諸事象のいくつかの原因をかれらから、事前にではなくかれらの記録から、知ろうとするだろう。なぜなら自然は運動によるのでなければ、なにもしないからである。

(22) ジンはオランダ原産の蒸留酒で、このころからイギリスで好まれるようになり、その悲劇的な結果をホガースの「ジン横丁」にみることができる。
(23) グレシャム・カレジは、王立取引所(Royal Exchange)を創立したトマス・グレシャム(Thomas Gresham, 1519?–79)によって設立された学院で、スプラットの『ロンドン王立学会史』によれば、王立学会の前身である。Thomas Sprat, ***The history of the Royal-Society of London***, for the improvement of natural knowledge. The second edition corrected. London, Royal Society, 1702, p. 93.

私が聞くところでは、ガラスが落下すると、そのまったく小さな部分でも、砕けてあのように多数の破片になるのはなぜかという、多くの人の疑問に対して、ホッブズ氏があたえた理由が真実らしいと証明されて、かれらの学院に登録されたということである。しかしかれには、それを恩恵として受け取る理由はなにもない。なぜなら、今後この発見はこのやりかたによって、かれのではなく、かれらのものとして受け取られるかもしれないからである。

あなたの中傷の残りのものに対しては、答えは短く、あなたも容易に予測できたものであるだろう。第一に、かれが自分の学識を誇っていることについては、あなたによって次のような言葉でうまく要約されている。

ある人(私はその名前をあげたくない)が次のことを提案した。すなわち、ある暇人がかれの著書をすべて通読して、かれが自分を褒め称え、すべての他人を軽蔑している、高慢で尊大な発言を集め、ホッブズ自身についてのホッブズという題でまとめようというのである。これがどのような壮観になるかは、あなた自身の考えに任せよう。

こうしてあなたはいう――いまやホッブズ氏は言う、というより私がかれにかわって言うのだが、あなたの暇人にそれをさせて、かれが書いたものだけ（できるだけ称賛したもの）を採録させよう。私はあなたに約束するが、かれはただちにそれらを認め、それによって称賛され、あなたは軽蔑される。ローマのある元老院議員が、人民集会である提案をしたが、かれらはそれを好まなかったのでさわぎたてた。かれは大胆に、かれらに静かにしてくれるように頼み、何がコモンウェルスにとって利益になるかを、自分はかれらすべてよりもよく知っていると告げた。こうしてかれのことばは、その徳の証拠としてわれわれに伝えられている。それほどに真理と虚栄は自讃の完成を変化させるのである。そのうえ、あなたは良俗についてほとんど何の手腕ももつことができないので、ある人自身を称賛するについて、かれ自身の防衛にかんするそれ以外のあらゆることについてと同様に、正義をのぞむことができない。そして、これほどにまであなたに嫌われることをかれに強いるのは、あなたに慎慮がなかったということである。かれの自讃のなかで、あなたを怒らせた最大のものは、かれの『リヴァイアサン』の終りの、次のことばである。

したがって私は、それが印刷されるのが有益であろうと思うし、諸大学についての判断が所属する人々がやはりそのように考えるならば、諸大学で教えられるのがさらに有益であろうと、思うのである。

誰でもいいから、これが真実であるということを考えさせよう。そこ以外のどこで、それらの牧師たちはかれらの反逆的な学説とその宣伝を学んだのか。しかしそれを、そこで説くためにか？　したがって説教師たちは、忠誠を教えることをここ以外のどこで学ぶべきなのか？　そしてもしあなたの諸原理が内戦をうみだしたとすれば、それと反対の諸原理すなわちかれの諸原理は平和をうむにちがいないのではないか？　したがってかれの著書は、政治学説を扱っているかぎり、そこで教えられるに値する。しかし、いつこのことが行なわれうるのか？　あなたが民衆を感染させた邪悪な学説を維持するために待ち構えている軍隊を、あなたがもつことがもうなくなったときである。待ち構えている軍隊というとき、私が意味するのは、武器と貨幣と十分な人員とであって、その人員はまだ支払われてもいないし、将校たちの下に置かれてもいないが、それでも一箇所また一都市にあつめられて、将校たちの下に置かれ、武装させられ、なにか突然の事件にさいして支払われる。広く人口も多い町の人々などがそうである。大都市はすべて、常備軍のようなものであり、もしそれが主権者の支配下に置かれているのでなかったなら、そこの民衆は惨めである。もしそうであれば、かれらは大学でかれらの義務について安全に容易に教えられることができるのであり、かれらは幸福である。私は誰であれキリスト教徒の国王が、暴君であったということを、一度も読んだことがない。最良の国王でさえ、しばしばそう呼ばれてきたのではあるが。

あなたが非難するかれの気難しさと怒りっぽさについてであるが、かれを親しく知るすべての人は、それが間違った非難であることを知っている。しかしあなたは、かれの意見に反対して議論する人々に向かって、かれがそうだと言いたいのかもしれない。だがそれもまた、真実ではない。かれにとって未知の、うぬぼれで無知な若い学者たちが、かれと議論をして自分たちの馬鹿げた意見について称賛をむしりとるためにやってきて、議論の結末を見失い、軽率で失礼な表現に落ち込んだ。そのときかれは、非常に満足したようには見えなかったが、これはかれの気難しさではなくて、非難されるべきはかれらのうぬぼれなのだ。しかし、かれが決してあなたを侵害したことがなく、あなたにそれを見られたことも噂されたこともないのに、あなたのどのような気分が（気難しさでも怒りっぽさでもないならば）かれに向かって、あなたがあなたの『反論』のなかでしたような、傲慢で中傷的で滑稽な言葉を使うのだろうか。

それは意見においてあなたと違う何かを見て、我慢できなかったということだろうか？　ホッブズ氏はいつでも、誰かを挑発することからはるかに遠いのだが、かれが挑発されたときには、かれのペンがあなたのそれのように鋭いことを、あなたは知っている。

さらにまた、あなたがかれの年齢をかれの欠陥として、年齢のほかにはかれの精神の能力を弱めうる原因はないと説明するとき、わたしはあなたが、自分が何をしているのかわかっていないことに感嘆する。あなたはかれとともに世界のすべての老人の欠陥をつき、それぞれがきめる時点で若いすべての人が、あなたを愚か者と呼ぶことを承認したのだ。あなたは自分が老齢を嫌っていることを、別のやり方でも、すなわちそれを逃れるためにあのように見事にやってのけたことによっても十分に示しておいた。しかしそのことは、それより大きい欠陥の印をあのように多くつけられているものにとっては、たいした問題ではない。経験から慎慮をひきだし、年齢から経験をひきだす、ホッブズ氏の計算によれば、あなたは非常に若いのだが、あなた自身の計算では、あなたはすでにメトシェラ[24]より老人なのである。

（24）　メトシェラ Methuselah は創世記五章二五―二七節に九六九年の長命者としてあげられている。

最後に、かれがボイル氏に反対して書いたと、誰があなたに語ったのか？　かれは著作のなかで一度もボイル氏をあげていない。あるいはボイル氏があなたと親しかったからか？　私は反対であったことを知っている。私はかれが、自分が反対する学説の著者が自分より低い境遇の人であったことをのぞんだということを、聞いたことがある。そうでなければかれ自身の学説を防衛することができなかったからである。しかし私は、かれがあなたを学識者と誤解した自分の判断を、ましなほうだとは決して考えなかった、ということまでは真実だと思う。以上で、私がかれとかれの生活態度について答えるのに適したすべてであると思う。残っているのは、かれの幾何学と哲学についてであるが、それについて私は次にように言うだけにする。あなたの著書には反論すべき点があまりに多く、ほとんどすべての行が反証されうるか、非難されるべきである。要するに、すべてが誤謬と暴言、すなわち悪臭の風であって、それは汗馬が満腹にきつすぎる腹帯を締められて飛ぼうというようなことである。私は終了した。私はいまあなたについての考察を終了したのであり、それをふたたびすることはないだろう。どのような栄達を、あなたの友人たちのだれかが、あなたのために調達しようとも。

異端についての歴史的説明と、それについての処罰

著作集ではわずか一〇ページの異端論争史で、ホッブズは何を言おうとしたのだろうか。すぐ明らかになるのは、異端すなわち反主流をあらわすとされるヘレシーが、それぞれの意見のことであり、諸意見の平和的共存すなわち言論の自由を拒否するものではないということである。ニケア公会議を召集したコンスタンティヌス大帝も、諸教義の平和的共存を望んだのであって、教義の内容には関心がなかった。ホッブズはそこからさらに踏み込んで、諸教義の争いは神という未知の実体についての修飾語の争いにすぎないのではないかと、問いかける。唯名論から無神論への理論の道筋はこうしてひらかれるのであり、最後の訳注でとりあげた十九世紀後半の無神論者もそれを例証するだろう。じつをいうと、このブラドロウに気がついたのは、蔵書整理中の偶然のことであった。ホッブズ研究史での指摘は、最初のことであるかもしれない。

　この翻訳に使用したふたつの古版本は、まもなく名古屋大学付属図書館の水田文庫で利用できるようになるはずである。

An historical narration concerning heresie, and the punishment thereof. By Thomas Hobbes of Malmesbury. London: printed in the year 1680.

ヘレシーという言葉はギリシャ語であって、なにかをとること、特にひとつの意見をとることを意味する。ギリシャで哲学の研究が始まったのちに、哲学者たちはかれらの間で意見が合わず、自然の物事についてだけでなく道徳的および政治的な物事についても、多くの問題を提起した。各人がそれぞれ自分が好む意見をとったので、そのそれぞれの意見がヘレシーと呼ばれた。それは個人の私的な意見を意味するにすぎず、真偽にかかわるものではなかった。これらのヘレシーをはじめたのは、主としてピタゴラス、エピクロス、ゼノン、プラトン、アリストテレスであり、この人々はおおくの誤謬を信じていたのと同じくおおくの真実で有益な学説を、あらゆる種類の学術において発見した。それで、この理由でかれらの時代の最大多数の人々から高く評価されたし、したがってまた、かれらの弟子たちのうちの少数のもののもそうであった。

しかしそのほかの無知な人々、そしてしばしば非常に貧しいならずものが、ピタゴラス、エピクロス、ゼノン、プラトン、アリストテレスのそれぞれの教義のいくつかを暗記してしまって、かれらから学んだと称し、それを使って、たまたまそれらの有名人たちの名前をこのむようになった金持の子供たちを教えて生活した。しかしかれらは、その無知な論述と、下劣でばかばかしい態度によって、一般に軽蔑された。それはかれらがどの学派またはヘレシーであろうと、ピタゴラス派かエピクロス派かストア派（ゼノンの弟子たち）かアカデミー派（プラトンの弟子たち）か逍遥派（アリストテレスの弟子たち）かに関係がなかった。すなわち、これらがヘレシー、ラテン語でいえば学派（sects）à sequendo の名称であって、アレクサンドロスの時代のあとから今に至るまで、大いに話題になり、かれらの時代の民衆をつねに困惑させたりだましたりしてきたのである。それが原始教会の時代ほど多数であったことは、けっしてなかった。

しかしアリストテレスのヘレシーは[1]、どのヘレシーよりも、おそらく残りのすべてよりも、強力であって、当時はヘレシーという名称は不名誉ではなく、ヘレティックという言葉も、使用されたかぎりまったくそうであった。ただしいくつかの学派は、特にエピクロス派とストア派は憎みあっていて、ストア派の人々のほうが激烈だったので、自分たちから離れていったものを、思いつきうる最も侮辱的な言葉で罵るのが常であった。

(1) この翻訳に使用したのは出版者名のない一六八〇年(ホッブズの死の翌年)のロンドン版であるが、一六八二年のウィリアム・クルック書店版では「アリストテレスのヘレシーは時の変遷によって、他のすべてに優越する幸運を取得した。しかしながら」となっていて、モールズワース版著作集もこれを踏襲している。*An answer to a book published by Dr. Bramhall, late Bishop of Derry; called The catching of the Leviathan.* Together with an historical narration concerning heresie, and punishment thereof. By Thomas Hobbes of Malmesbury.

次のことだけは疑う余地がない。というのは、キリストの使徒たちと弟子たちが、これらの哲学者にみちているギリシャやローマ帝国の他の場所で説教をすることによって、何千という人々がキリスト教の信仰に転じた。あるものは真剣に、あるものは偽って、党派的目的か貧しさによってそうしたのであった(当時キリスト教徒は共同生活をしていて慈善的だったから)。これらの哲学者は、論争と雄弁については普通の民衆より優れた手腕をもっていたので、そのことによって福音の擁護と宣布の双方において有能であった。それだから原始教会の説教師の大部分が、これらの多数の哲学者のなかから選ばれたことだけは疑いをいれない(と私は言いたい)。かれらは、かれらがなお尊敬していた前の師匠たちの権威にもとづいて採用した、おおくの学説をまだ保持していたので、かれらの多くがそれぞれ、聖書を自分のヘレシーにひきつけようと努めた。それでこのようにして、ヘレシーが初めてキリストの教会にはいったのである。それでも、これらの人々は、最初に洗礼を受けたときにそうであったように、すべてキリスト教徒であったし、使徒と福音伝道者がかれらに残した著作の権威を否定しなかったのだが、それらをたびたびかれらの以前の哲学からくる偏見で解釈した。かれらの間でのこの不一致は、信徒でないものにとっては大きな躓きの石であって、それは福音への道を妨げるだけでなく、教会に対してあざけりと迫害の増大をまねくものでもあった。

これについての対策として、諸教会の主席牧師たちは、なにか新しい意見がさかんになると、それを吟味し決定するために集まるのが常となった。そこにおいてその意見の創始者がかれの誤謬を確信させられて、教会集会の判決文に同意するならば、すべては再び平穏になる。しかし、もしかれがなおそれに固執するならば、かれらはかれを除外して、かれは異教の人にすぎないとみなした。そのことは心からのキリスト教徒にとって大変屈辱的なことであり、かれを自分の教義について以前より良く考えさせる力があって、ときにはかれを真理の発見に到達させたのである。しかし、かれらが課することができる処罰は、そのほかにはなにもなかった。それは政治権力のものとされた権利であったからである。それであるから、教会が課しえた処罰は、全部あわせても屈辱ということだけであった。このことにかかわった信徒たちの間では、すべての信仰深い人々はかれとの同席をさけたので、かれ自身はみずから、かれの教義を断罪する教会全体に対立して、ヘレティックと名のりをあげた。それであるから、カソリック〔普遍的〕とヘレティックとは相対的な用語であったのだが、ここにおいてヘレティックはひとつの名称となり、同時に恥辱の名称となったのである。

原始教会において最初の、しかも最も困難なヘレシーは、三位一体にかんするものであった。というのは、(自然哲学者としてもつのが当然の好奇心によって) かれらは、キリスト教のまさしく第一の諸原理についての議論を、さけることができなかったのである。その諸原理によって、すなわち父と子と精霊の名において、かれらは洗礼をうけたのであった。ある人々は、それらをすべて寓話とみなした。他の人々は、ひとりを善の創造者とし、もうひとりを悪の創造者だとして、結局、相対立する二つの神を想定したことになるが、不敬ではなく悪の創造を神に帰することができると考えたのであった。かれらは現在その教義からあまり離れることなく、罪ある諸行為の第一原因は、各人の罪について各人がそうなのだとしている。他の人々は、肉体的な部分として、顔や両手や、正面と背面の諸部分のある神をもちたいと思った。他の人々は、キリストは本当の肉体をもたず、幽霊にすぎないとした (というのは、幽霊が当時およびそれ以後ずっと、無学で迷信的な人々によって現実の実在物だと考えられていたからである)。他の人々は、キリストの神性を否定した。他の人々は、キリストは神であり人であるのだから、二人格なのだとした。他の人々は、キリストは一人格であると告白し、そのうえ、本性もひとつしかないといった。そのほかに大変多くのヘレシーが、それらの時代の哲学への過度の執着から生じ、そのうちのいくつかは、聖ヨハネがかれの福音を発表したことによって、しばらく抑圧され、またいくつかは、それら自身の非合理性によって消滅したが、さらにいくつかはコンスタンティヌス大帝[(2)]のときまで続き、その後も続いた。

(2) 大帝と呼ばれるコンスタンティヌスはFlavius Valerius Aurelius, Constantinus I (c. 280-?)。三一二年にローマ帝国西部を征服し、東部の支配者リキニウスとともに信教の自由とキリスト教の公認を定めたミラノ勅令(三一三)を発したが、リキニウスがキリスト教抑圧に転ずるとこれを破って、単独でローマ皇帝になった(三二四)。キリスト教による国家統一をはかり、そのためにはキリスト教内部の統一が必要だとして、三二五年にニケヤ公会議を召集した。このようにキリスト教を公認し支持したが、受洗は臨終時であった。

コンスタンティヌス大帝(キリスト教徒の兵士たちの助力と勇気とによってそうなった)がローマ帝国のただひとりの皇帝の地位に到達したとき、かれはまたみずからキリスト教徒となって、異教の神々の神殿の破壊を引き起こし、キリスト教だけを公認の宗教としてみとめた。しかしかれの時代の終わりのほうになると、アレクサンドリアの市内で主教アレクサンドロスと、同市の一人の長老であるアリウス(3)とのあいだに論争が起こった。そのなかでアリウスはまず、キリストはその父に劣ると主張し、そのあとでキリストの、「私の父は私より偉大である」という言葉を引用して、かれは神ではないと主張した。これとは反対に主教は、聖ヨハネの「そして言葉は神であった」という言葉や、聖トマスの「私の主にして私の神」という言葉を引用した。この論争はやがて、アレクサンドリアの住民と兵士たちの間での対立となり、市の内外で多くの流血をひきおこした。当時もさらに広がりそうだったし、のちには実際にそうなったのである。これは皇帝の国内統治に大いに関係のあることだったので、かれはローマ帝国全土からすべての主教とその他の優れた神学者をニケア(ニース)市の総会に招集した。かれらは、集まると互いに非難しあう中傷文を皇帝に提出した。皇帝はこれらの中傷文をみずから受け取ったとき、集まった教父たちを前に演説して、相互に同意することを勧告し、そのためにかれらを集めた信仰箇条の決定に、ともに協力することを求めた。そのなかでかれらがどのように決定しようとも、自分はそれを守らせるだろうと、かれは言ったのである。このことはおそらく、そのころ承認されたであろうよりも大きな無関心であったと、思われるだろう。しかし、歴史ではこのとおりであり、その当時は、救済に必要な信仰箇条が、のちになってローマの教会によってきめられたように多数であるとは、考えられなかったのである。

（3） アリウス、アリオス Areios, Arios, c. 250–c. 336. アレクサンドリアの神学者で、アリウス主義の創始者。三位一体における父子同格を否定した。アレクサンドリアの主教アレクサンドロスは、アリウスに自説の撤回を申し入れたが拒否されたので破門した。教会内のこうした対立を憂慮した皇帝コンスタンティヌスはニケア公会議を招集した。

コンスタンティヌスがこの演説を終了したとき、かれは賢明な王と慈悲深いキリスト教徒にふさわしく、まえにいった中傷文を火の中に投げ込ませた。このことが終わると教父たちは仕事にとりかかり、いまでは使徒の信条と呼ばれている前の信条の方法にしたがって、ひとつの信仰告白をつくりあげた。すなわち、「私はひとつの神、全能の父、天地と可視的および不可視的なすべてのものの創造者である神を信じる（このなかで異教徒たちの多神教は断罪される）。そしてすべてに先んじて神の神であるかれの父によって得られた神の唯一の息子である一人の主イエス・キリストを信じ（異教徒の多数の神々の子たちに反対する）そして神の唯一の神の子である一人の主イエス・キリストを信じ（異教徒の多数の神の多数の子に反対する）すべてに先んじた神の神である父から得られた一人の主イエス・キリストを信じ（反アリウス）、まさに神のまさに神（ワレンティヌス派、アペレスその他の、キリストを幽霊にすぎないとするヘレシーに反対する）、光の光（これは説明のために挿入されたが、それ以前にその目的のためにテリトリアヌスによって使用された〔括弧は原文どおり〕)。父と同一の実体であるから、造られたのではなく生み出されたのである。ここでもまたかれらは、アリウスの教義を罪あるものとした。なぜなら、この「ひとつの実体から」ということばは、ラテン語ではconsubstantialis〔同実体〕であるが、ギリシャ語ではオモウーシオスすなわち「同質」であって、これはカソリックからアリウス派を分ける試金石としておかれ、そこではそれをめぐって大騒ぎがあった。コンスタンティヌス自身は、この信仰箇条を可決するにあたって、難解な言葉であるからこれに注意したが、それでもそれを承認して、次のように言った。「神聖な神秘においては神聖で秘密な言葉を、すなわち神聖であって人間の理解に対して隠された言葉を使うのが適切である」。それでオモウーシオスという言葉を神聖なとよんだが、それはその言葉が聖書にあるからではなく(そこにはないのだから)、かれにとって難解Arcanum、すなわち十分に理解されないから、神聖なのであった。この点においてもまた、この皇帝の無関心があきらかであった。すなわちかれがこの教会会議を招集するにあたって目指したのは、真理であるよりも、教義の統一とそれにもとづくかれの国民の平和だったのである。このオモウーシオスという言葉の曖昧さの原因は主として、逍遥派の哲学におけるギリシャ語とローマの方言との違いからきていた。すべての民族における宗教の第一原理は、神があるということ、すなわち神が実際になにものかであって、単なる空想ではないということであるが、しかし実際になにものかであるということは、どこかにあるということを、それ自身だけで考えられるということである。この意味で人は実際にひとつのものであり、私はかれが存在することを、かれとともになにか他のものを考えることなしに、考えることができるのである。そして同じ理由によって、大地、空気、星、天体とその諸部分は、そのすべてが実際のものである。そして何であれ実際に、ここに、あるいはそこに、あるいはどこかに、あるのだから、それは広がりすなわち大きさをもつのであって、大きさをもつものは、見えようと見えまいと、有限であろうと無限であろうと、すべての学識者によって、有限であれば物体 Body と呼ばれ、無限であれば物体または有形体 Corporal と呼ばれる(4)」。したがって、どこかにあるすべての実際の物は、そのことによって有形である。反対に本質、神性、人間性、および類似の名称は、はじめに存在者 ens、神、人等々があることを考察しなければ、考察されうる何ものもあらわさない。それだからまた、白いあるいは黒い、熱いあるいは冷たい、実際の物がなにかあるとすると、そういう物自体を考察することはできるが、しかし白さ、黒さ、熱さ、冷たさは、はじめにそれらが帰属させられている実際のある物を想定しなければ、考察することができない。これらの実際のものはラテンの哲学者たちによって、エンティア・スブエクタまたはスブスタンティアと呼ばれ、ギリシャの哲学者たちによってオタ・オンタ、ヒュポケイメナ、ヒュポスタメナ〔現‐在する基体、実在物〕と呼ばれる。[5] 非物体的な他方は、ギリシャの哲学者たちによって、ウーシア・シュンベベーコタ、ファンタスマ〔現われた本質、現象〕と呼ばれるが、たいていのラテンの哲学者たちはウーシアを実体とするのが常であって、そうすることで実際の有形のものと無形のものとを混同している。これはいいことではない。なぜなら、本質と実体はちがうものを示すのだからである。それでもこの誤謬はうけいれられて、これらの地方では哲学と神学の双方のすべての論争において、なお継続している。すなわち、本質とは本当は、われわれが馬鹿話で存在するものの存在性を語るときに意味するものにすぎない。［誰によってすべてのものは造られたか。］

（4）前記一六八二年版とモールズワース編ホッブズ著作集では「見えようと見えまいと、有限であろうと無限であろうと、すべての学識者によって物体と呼ばれる。」となっている。

（5）このような意味をもつヒポスタシスを、キリスト教神学では、三位一体のうちの一位格としたので、混乱がおこった。

このことは聖ヨハネの第一章第一、二、三節とヘブルの第一章第三節によって、さらに創世記第一章によって立証される。そこでは、神が光あれと言ったとき光があったというように、かれの唯一の言葉によって、神があらゆるものを創り出したと言われている。そしてそのとき、キリストはその言葉であり、はじめには神とともにあったということは、モーシェ、ダヴィデ、そのほかの預言者たちから推定できる。しかもキリストが永遠の神であり、かれの化肉は永遠の神慮であったということだけは、キリスト教徒の間で（アリウス派を除いて）いちども疑問とされたことがない。しかしこの信仰箇条の解説を書いたすべての教父たちは、それを哲学の議論とすることをおさえることができなかった。その議論の大部分はアリストテレスの諸原理によるものであり、それは現在スコラ学者が使用しているのとおなじである。このことによって部分的にわかるだろうように、かれらの多くは宗教に関する諸論文のなかで、アリストテレスの意味での論理と物理の諸原理を公表することを好んだ。アタナシウス[6]とダマスキオス[7]のように、またいくらかあとにザンキウス[8]のような有名な神学者たちが、依然として具体と抽象とを、神 Ens と神性 Essentia、賢明 Sapiens と賢さ Sapentia と、永遠 Aeternus と永遠な Aeternitas を混同している。もしそれが正確厳密な真理のためであるならば、なぜかれらは次のように言わないのだろうか？　すなわち、神聖とは神聖な人であり、貪欲とは貪欲な人、偽善とは偽善者、泥酔とは泥酔者であるなどと言わないのだろうか。もっともそれらはすべて誤謬ではあるが。教父たちは、抽象的にいえば神の知恵が神の永遠の子であり、かれによってすべてのものが作られたのであり、かれは聖霊によって化肉されたのである、ということに同意する。

なぜなら、もし抽象された神聖性が神であるならば、われわれはひとつの神から二つの神をつくるのだからである。このことはダマスキオスによって、かれの論文「正当な信仰について」（それはニケネ信仰箇条の解説である）のなかでよく理解された。そこにおいてかれは、（神が人間によってつくられたということから）神性が人間によってつくられたということにならないように、神性が神であるということを絶対的に否定した。それはすべてのニケネの教父たちの学説に反する。したがって抽象における神の属性は、修辞的につけられるのであって、それは聖書では普通のことである。たとえば、箴言第八章二八〔二五〕節で次のように言われている。「山々が設けられる前、私が丘をひきだすまえに」。そこでは知恵が神の知恵であるかのように語られて、賢明な神についてのそのことをあらわしている。この種の言い方もまた、すべての言語において普通のことである。このことを考えると、議論ではそのような抽象的な言葉を使うべきではなく、特にわれわれの信仰の説明においてはそうである。ただし、神の永遠の崇拝に関する言葉とすべての神に関する論述においては、それを避けることはできないし、信仰箇条それ自身は、教父たちのそのようなすべての説明に比べると、その言葉に同意するのに困難がすくない。「誰がわれわれ民衆とわれわれの救済のために天から降りてきて、処女メアリの聖霊によって化肉され、人間とされたのか。」私はいままで、このことについてなにか違うことを読んだことがない。すなわち、アタナシウスがかれの信条のなかで、この息子について語るところで、かれは作られたのではなく生み出されたのだといっているのは、永遠の神としての息子のことだと理解されるべきであり、それに対してここで語られているのは、人間としての息子についてなのである。そしてその息子については、かれは人間であったのだから聖霊によって生み出されたのだと、いわれるかもしれない。なぜなら、女性は自分が生み出すかれのほかは妊娠しないからである。このこともまたマタイI・20で確認されている。「彼女の中に生みだされたものト・ゲネテン〔生まれたもの〕は聖霊によるのであり、それはわれわれのためにピラト総督のもとで十字架にかけられたのである。かれは受難し埋葬された。そして聖書によれば三日目にかれはふたたびおきあがり、天にのぼった。そして父の右手に座り、生者と死者を裁くために栄光のうちに再来するであろう。かれの王国には終わりがない。」（信仰箇条Iのこの部分については、私はいかなるキリスト教徒からも疑問を受けたことがない。）ここからニーケースの会議はかれらの信仰の一般的告白へ進み、それ以上のことはなかった。

（6） アタナシウス、アタナシオス Athanasius, Athanasios c. 296–373. アレクサンドリアの主教で、ニケア信仰箇条の普及に努めた反アリウス派。
（7） ダマスキオス Damascios は四五八年ごろの新プラトン主義者。

（8）　ザンキウス Zanchius, Hironymus, 1516–1590. イタリア出身の宗教改革者。

これが終わって、会議に出ていた主教たちのうちの何人か（十七、八人で、カエサレアの主教エウセビウスもその一人だった）が、十分に満足しないで、このオモウシオスの教義がいっそうよく説明されるまでは署名を拒否した。そこで会議は、神が諸部分をもつというものは誰でも破門されるであろうと布告し、前記の主教たちはこれに署名した。そうしてエウセビウスは会議の命令によって手紙を書き、その写しが欠席したすべての主教に送られた。それは、自分たちは署名した理由に満足しているので、かれらもまた署名すべきだ、というものであった。かれらが署名した理由としてあげたのは、かれらはいま、教会の平和を乱さないように自律するために規則として決められた表現形式を取得した、ということであった。これによって明らかなことは、平明直截な言葉で、教会によって決められた形式に反対したのでないかぎり、だれも異端ではありえないということであり、だれもあげくのはての異端にされることはないということである。しかも前記の形式は信仰箇条のかたちにされたのではなく、主教たちだけに指示されたのであったから、これに反して語ったために世俗の人を処罰すべき理由はなかったのである。

だが、この教義すなわち神が部分をもたないというのは、何を意味するのだろうか。真の実体である神が、ここ、そこ、あるいはどこでも、さまざまな場所のうちの諸部分にあるとして、考察されたり語られたりすることはできないということが、異端だとされたのだろうか。あるいは、なにか実際のものが、なにも長さをもたない、すなわち有限でも無限でもなくなにも大きさをもたないということが？　あるいは、なにかの実体の全体の二つの半分、三つの三分の一が全体と同一であるということが？　あるいは、それらはテルトリアヌスがアペレスその他のかれの時代の異端者たちを拒否した議論、すなわち物体的でないものはすべて物体ではなくて幻想にすぎないとするのは異端である、という議論を非難しようとしたのだろうか。たしかにそうではなく、聖職者はだれもそう言わなかった。かれらは進んで、神の別々の種が実体としてあちらこちらに存在するということを否定するために、三位のなかの一体の神という教義を樹立した。聖パウロがコリントの人々に、キリストは分かれているのかとたずねたとき、かれはかれらが、キリストを手足をもつものとして考えることはできないと思っているとは、思わなかった。そうではなくて、パウロはかれらがキリストを、神によって得られたただ一人の息子としてではなく、（異教徒たちのやり方にしたがって）アリウスがしたように神の息子たちの一人として、考えているかもしれないと思ったのである。そこでこのようにして、そのこともまた、会議に出席していたアタナシウスの信仰箇条のなかで、次のような言葉で説明された。諸人格を混同するのでも諸実体を分割するのでもなく、すなわち、神は人間がピーター、ジェイムズ、ジョンに分けられるように三つの人格に分けられるのではなく、三つの人格が同一の一人格であるのでもない、というのである。しかしアリストテレスと、かれからすべてのギリシャの教父たちおよびその他の学識者たちは、単語の一般的な広義性を認識したときに、それを分割と呼び、かれらが動物を人間と獣を分けるように、これらをエイデー、スペキエス〔種類〕と呼び、さらにかれらが人間の種をピーターとジョンに分けるときは、これらをメレー、パルテス・インディヴィドゥアエ〔個体〕と呼ぶのである。そうして、実体の区分と単語の区別との混同から、さまざまな人が神に対して、どのような実体の名前でもない名前すなわち非物体という名前を、帰属させる間違いにひきこまれたのである。

神は部分をもたないということは、このような言葉によって、信仰箇条のなかでそのころは同意されていたこととともに、こうして説明され、最初の総会より前の異端者のなかの多くのものとともに、断罪された。コンスタンティヌスの治世の約三十年前にみられたメネスの異端のように、私は単一の神を信じるという第一条に反するとされたのである。しかし私の見るところでは、それは別の言葉でローマ教会の教義のなかに依然として残っているようである。すなわちそれは、人間に罪を意図し目指すという意思の自由を帰属させ、すべての物事の原因である神から出るのではなく、本来かれら自身から、あるいは悪魔から出るのだとするのである。ある人々には、それは同じ言葉による神人両性論と思われるかもしれない。それも当時は禁止されていたのである。そうしてたしかに、もし諸部分によって個別の諸人格ではなく諸断片が意味されたならば、かれらは断罪された。というのは、顔、腕、足、その他このようなものは諸断片であるが、これはありえないことで、anthropomorphites〔神人両性〕は皇帝ワレンスのときまであらわれなかったからであり、それはニースの公会議の十四年か十五年後のことで、第二回コンスタンティノポリス総会までは断罪されなかったのだからである。

ところで、コンスタンティヌスによって制定された、異端に対する処罰について、われわれはなにも読むことがないが、教会の役員たち、主教たちとそのほかの説教者たちは、この信仰に同意を拒んだり、反対の教義を教えたりすれば、初犯で地位をうしない、再犯で追放された。そうしてこのようにして異端は、はじめは私的意見のことであって犯罪ではなかったのが、皇帝のひとつの法律のおかげで、教会の平和だけのために牧師の犯罪とされて、初犯は地位剝奪、再犯は追放で処罰されたのである。

信仰箇条のこの部分がこうして確立されたあとで、現在のように多数の新しい異端が発生した。部分的にはそれの解釈についてであり、部分的にはニケネ会議が決定しなかった聖霊についてであった。確立された部分については、キリストの本性について、およびヒポスタシス〔三位一体のなかの位〕すなわち実体という言葉について、論争がおこったが、人格ということについては、まだなにも言われなかった。それは信仰箇条がギリシャ語で書かれていて、その言語にはラテン語のペルソナにあたる言葉がなかったからである。教父たちのいわゆる人と神との本性のキリストにおける位格結合による統一は、エウテュケース[9]を生み、かれのあとではキリストの中にひとつの本性しかないことを確認するディオスコロス[10]を生んだのだが、二つのものが統一された場合にはいつも、それらはひとつである、ということを考えれば、これはコンスタンティノポリスとエフェソスの公会議で、アリウス主義として断罪されたのであった。ほかの人々は、神と人間のようなふたつの生きていて理性をもつ実体は、ふたつのヒポスタシスであらざるをえないと考えたから、キリストはふたつのヒポスタシスをもったのだと主張した。しかし二つのヒポスタシスは双方とも断罪された。そこで、聖霊については、コンスタンティノポリスの主教のネストリウス[11]とほかの何人かが、それの神性を否定した。そうして一方では、ニケネ公会議の約七十年前に、カルタゴで地方会議が開かれて、そこでは迫害によってキリストへの信仰を否定したものは、再び洗礼を受けなければ、教会にふたたび受け入れられるべきではないと決定されていたのだが、このこともまた断罪されたのである。その会議の議長が、もっともまじめで敬虔なキリスト教徒であるキュプリアノス[12]（二〇〇／二一〇―二五八）だったにもかかわらず、そうなったのである。しかしながらこの信仰箇条は、ついにカルケドン公会議で、次の言葉が付け加えられ、今日われわれがもっているようなものに完全に作り直されたのである。「そうして私は、聖霊と主と生命を与えるものを信じるのであり、生命は父と息子から出るのであり、父および息子と共に崇拝され称賛されるのであり、預言者たちによって語るのである。そうして私は唯一の正統で使徒の教会を信じるのである。私は免罪のための一つの洗礼を認める。私は死者の蘇りと来たるべき世の生命を期待する」。この追加の、父および息子と共に崇拝され称賛されるという言葉について、まずネストリウス派とその他が断罪される。そうして次にカルタゴ公会議の教義が、私は免罪のためにひとつの洗礼を信じる、という言葉について断罪されるのである。というのは、そこでは一回の洗礼が、いくつかの、または幾種類かの洗礼にではなく、繰り返される洗礼に対立するものとされるからである。聖キュプリアーヌスは、父と息子と聖霊の名において行なわれなかった洗礼を許容するにはキリスト教徒でありすぎた。ニケネ信仰箇条と呼ばれる信仰箇条に含まれていた、信仰の一般告白には、ヒポスタシスもヒポスタシス的統一も、物体的、非物体的、または諸部分の統一も述べられていない。それらの言葉を理解する必要があるのは大衆ではなくて牧師だけであるから、かれらの間での不一致は、なによりも教会を悩ませたであろう。あるいは、救済にとって必要な諸事項が、学識を誇示するためか、人々を幻惑させるために、ひろめられたのである。それは人々をかれら自身のある目的に導くことを意図している。帝国のなかでの正統派（カソリック）とアリウス派との優位の変動、カソリックのなかでも最も強烈な大アタナシウスがコンスタンティウスによって追放され、のちに復活しながらまた追放されたのは、どのようにしてであったか、私はそれに触れないで、想起すべきはただ、アタナシウスが信仰箇条を構築したのがそのとき、すなわちかれがローマにいたときに、追放されたのであり、リベリウスが法王であったからだ[13]、ということである。アタナシウスの信仰箇条のヒポスタシスという言葉が、リベリウスによって嫌われたということは、きわめて確実らしいことである。というのは、ローマ教会にそれを受容させることは決してできなかったし、かれらはそれに関しては、その代わりにかれら自身のペルソナという言葉を使ったからである。しかしローマ教会は、その信仰箇条の最初と最後の言葉で、それを拒否しなかった。すなわちかれらは、信仰箇条の本体だけでなくニケネの神父たちのすべての定義も、平和のためだけに作られたのであり、教会人たちの精神を統一するためのものであったとはいえ、人がそれらすべてをしっかりと信じないかぎり救われえないということであるとした。教会人たちの不和は帝国の平和を妨げそうだったのである。これらの最初の四回の総公会議のあとでローマ教会の権力は急速に成長し、歴代の皇帝たちの怠慢か弱さによって、法王は宗教について思うとおりのことをした。教会権力について、教会人への尊敬について、教義は存在しなかった。それらについての矛盾はあれかこれかの公会議によって異端とされなかったものはなく、それらは皇帝たちによって恣意的に追放または死によって、処罰された。こうしてついには国王たち自身や諸コモンウェルス自体までもが、かれらの領土内の異端を除去しないかぎり、破門され聖務を禁止され、かれらの臣民たちは法王によって［臣従を］解除された。しかしそれは、賢明でまじめなキリスト教徒にとっては、聖書について自分に救いを求めるのになにも危険はなかったという程度であったし、放漫冷淡なキリスト教徒は安全であり、熟練した偽善者が聖人になった。しかしこのことは、非常によく知られた物語であって、私がこれ以上こだわるまでもなく、このイングランドの異端者たちとかれらに対して議会の法律によってどのような刑罰が決められたかに進んでいい、というほどなのである。これらすべての、異端者に対する刑法は、それぞれの君主と国家が自分たちの領地で立法するのが適当と思ったことに尽きる。皇帝たちの勅令はかれらに対する刑罰を死刑としたが、実行の仕方を属州の長官にまかせたのであり、属州以外の国王や国家が（ローマ教会の法律に従って異端者たちの根絶を意図したときは、かれらは思うままに法律を作った。そうして、ここで異端の処罰のために最初に作られた法律は、ロラード派[14]と呼ばれ、法律でそう呼ばれていた異端のためのものであって、それはリチャード二世の第五年に、ジョン・ウィクリフ[15]とその弟子たちのために必要になったのである。そのウィクリフは、かれの処罰のための法律がまだ議会で決められていなかったので、国王の息子のゴーントのジョンのおかげで免れていた。しかし次の国王のリチャード二世の第五年に、次のような効果をもつ法律が、議会を通過した。すなわち州長官とほかのある人々は、異端を説教するものであることが高位聖職者によって確認された人々とその支持者、煽動者を逮捕して、聖教会の法によってただしくなるまで強力な牢獄に捕らえておくために委員会をもつべきである。したがってイングランドには、異端者を死刑その他で処罰できる法律がなく、かれが教会と和睦させられるまで投獄しておくしかなかったのである。このことのあとで、次の国王すなわちウィクリフに好意的であったゴーントのジョンの子のヘンリ四世のときに、かれの王位への熱望が主教たちの支持を必要としたので、かれの治世の二年目に法律が作られて次のように決められた。すなわち各監督はかれの前に異端と疑われるものを集め、投獄すべきであり、頑強な異端者を民衆の前で焼き殺すべきだということである。

（9） エウテュケース Eutyches c.378-454. コンスタンティノポリスの大修道院長で、キリスト単性論の創始者。
(10)ディオスコロス Dioskoros, ?–454. アレクサンドリアの総主教で、エウテュケースの支持者。
(11)ネストリウス Nestrios, c. 381–c. 451 は四二八年にテオドシウス帝に抜擢されてコンスタンティノポリスの総主教に就任、聖母マリアの称号をめぐる論争を引き起こし、四三一年エフェソスの公会議で罷免され、四三五年には著書が異端とされて、エジプト奥地へ追放された。
(12)キュプリアヌス Cyprianus, c. 476–549 はトゥロンの主教。
(13)リベリウス Liberius は在位三五二—三六六年のローマ法王で、『キリスト教人名辞典』によれば、ホッブズの説明とは反対にアタナシウスを支持したために、アリウス派の皇帝コンスタンティウスによって追放された。
(14)ロラード Lollards は十四世紀末以降のイングランドで、ウィクリフの支持者たちに与えられた蔑称で、かれらは一三八一年の農民一揆にも参加したといわれる。
(15)ウィクリフ Wycliffe, John 1320/30–1384 はオクスフォードの神学者で一三四五年ごろ入学、「世俗的所有権」(一三七五—七六)から教会批判を開始した。神との直接交流を説くことによってフスやルターの宗教改革者に影響を与え、国内ではロラードの改革運動が起こった。

次の国王すなわちヘンリ五世のとき、その第二年に議会の法律が作られて、そのなかで次のように宣告された。ロラードと呼ばれる異端派の意図はキリストへの信仰、神の法、教会と国家を破壊することであり、有罪宣告を受けた異端者は、火刑に処せられるのに加えて、単純封土権による土地、動産、家畜をすべて没収されるべきである、というのである。さらに国王へンリ八世の第二十五年に、次のように法律で決められた。すなわち有罪判決を受けた異端者はかれの諸異端を公然と放棄しなければならず、そうすることを拒否したり後戻りしたりすれば、他の人々への見せしめとして、広場で火刑に処せられるべきである、というのである。この法律は法王の権威を破棄したあとで作られたのであって、そのことから明らかになるのは、国王ヘンリ八世が意図したのは、かれ自身の教会に関する権利の回復であって、それを超えた宗教上の変更ではなかったということである。しかしかれの息子の国王エドワード六世の第一年に法律が作られて、それによってこの法律だけでなく、教義および宗教問題にかかわるこれまでのすべての法律が廃止された。それであるから、この時点においては、異端を処罰するための法律は何もなかったのである。[16]

(16) ヒュームによるホッブズ継承は、内容的な指摘はあっても推定にとどまるのだが、十九世紀後半の有名な無神論者、チャールズ・ブラドロー (Charles Bradlaugh, 1833-1891) は、*Heresy: its utility and morality. A plea and a justification* という小著（一八六八年）で、ホッブズがこの異端論でエドワード六世の法律に注目していたことを指摘し、彼の主著から認識論の部分を一ページ半にわたって引用している。ブラドローは国会議員に選出されたが聖書による誓約を拒否して除名され、再選と除名をくりかえした。

さらにまた、メアリ女王の第一年と第二年の議会において、ヘンリ八世二十五年の法律が復活して自由に実施されたことによって、エドワード六世第一年のこの法律は廃止されたのではなく無効にされた。そこでその法律を、女王の妹であるレディー・エリザベスに適用すべきかどうかが、論争されたのである。

レディー・エリザベスは（メアリ女王の死によって王位について）あまりたたない治世第五年に、議会の法律によって、まず第一にメアリ女王のすべての教会関係法を、異端者処刑に関するこれまでのすべての法律とともに廃止し、彼女はそれらに代わる処罰を何も法律で決めなかった。その次に決められたのは、女王はその特許状によって、主教たちと他の一定の人々にひとつの委員会を作らせ、女王陛下の名において教会権力を行使させる、ということである。その委員会において委員たちは、最初の四回の総公会議のどれかにおいて異端と宣告されたのではないことを、異端と判決することは許されなかった。しかしそこでは、総公会議については、一般に高等法院と呼ばれたその委員会に権威を与える部分だけをのぞけば、その法律のなかでなにも言われなかったし、委員会のなかにも、異端者たちがどのように処罰されるべきであるかについては、なにもなくて、最初の四つの総公会議で異端として断罪された諸教義のうちのどれかを、異端であるとかないとか、宣告するかしないかは、かれらの自由であった。それであるから、いわゆる高等法院が存在した期間には、教会の通常の非難のほかには異端を処罰しうる法律の条文はなかったし、高等法院が実際にそれら四回の公会議で異端とされたものはすべて、いまでもやはり異端であるべきだと宣告し公表したのでなければ、異端とされる教義もなかった。しかし私はなにかそのような宣告が、布告であれ教会記録であれ、不知をもって違反を免罪されえない刑法において必要な公開印刷であれ、行なわれたとは、まったく聞いたことがない。そのうえ、もし異端が死罪とされるか、法的に処罰されるべきとされてきたとすれば、その四つの総公会議自体か、少なくともそこで断罪された諸論点が、英語で印刷されるか、教会に通知されていたはずである。それがなければ誰も異端に対して警戒も防戦もできなかっただろうからである。

おそらく誰かがたずねるだろう、高等法院が存在した期間に、異端のために断罪されて焼き殺された人はひとりもいなかったのかと。

私は、そういう人が何人かがいたと聞いたことがある。しかし、そのような処刑があったと証言する人々は、おそらくそれらについて、私にまさる根拠を知る機会があったのだろうが、それらの根拠は研究する価値を十分にもっているのである。

最後に、国王チャールズ一世の第十七年に、スコットランド人がスコットランドにおける国教会統治を反逆的にほろぼしてまもなく、ここでは、イングランドの長老派が同じことをしようとした。国王は叛徒がまさに開戦しようとしているのを見たが、降伏しようとはせず、なおかれらをなだめようという望みをもっていて、高等法院を廃止する法律が議会を通過することに同意していた。だが、高等法院は取り除かれたが、議会はそのほかに目的をもっていて、長老会議の設立に加えて、反乱を続け、かれらによってコモンウェルスと呼ばれ、他の人々によって尻と呼ばれた権力を樹立して、国教会と君主政治をともに廃止した。人々は、その権力に義務からではなく恐怖から服従したのであり、そこには人道的な法律は効力あるものとして何も残されてはいなかったので、誰でも好きな宗教の教義を説教したり書いたりするのを抑制することができなかった。そうしてこの戦争の熱気のなかでは、国家の平和を乱すことは不可能であって、そのときそれは存在しなかったのである。

それで、リヴァイアサンと題する本が出版されたのはこのときであり、それは国王の現世的精神的権力を擁護するために書かれたのであって、国教会に反対するとか、主教の誰かに反対するとか、教会の公式教義に反対するとかの言葉は何もなかった。ありがたいことにこの尻議会の横奪の約十二年後に、最も恵みぶかい陛下が、現在そうであるように父の王座に立ち戻り、ただちに主教たちを復帰させ、長老派を許した。しかしそうすると、一方も他方もともにこの本を異端として、議会のなかで非難したのだが、戦前には主教たちは、なにが異端であるかを宣告しことはなかったし、もしそれをしたとすれば、長老派の強い要求によって高等法院が廃止されたことによって、それは無効になっていたのである。人々は自分たちの学識や力が論争される場合には、決して法則というものに気がつかないほど強硬であって、挑発されればただちに十字架にかけろとさけぶのである。かれらは聖パウロが、誤謬を頑強に主張する人にあったときでさえもっていた信念を忘れている。すなわち、「主のしもべは争ってはいけない。すべての人に対して温和に、教え、耐えしのぶことを心がけ、反対する人びとを穏やかに導きなさい。神が彼らの悔悟の機会を与えて、真理を認識させるかもしれない。」(ティモテオスへの手紙〔二〕二―二四・二五)。ニースの公会議の前から現在に至るまでの、神学者たちの論争において現われたような尖鋭さは、この忠告の蹂躪である。

解説

ホッブズのこの小論二篇は、それぞれかれの主張の核心を含んでいるにもかかわらず、それを論争形式で述べているためか、あるいはかれの主著に比べて小著でありすぎるためか、あまり注目されてこなかったようである。しかし半世紀あまり前に、ホッブズのなかに近代人の形成を見ようとしたとき、もちろん基本的な典拠は『リヴァイアサン』であったが、決め手になったのは第一論文であった。社会契約によって設立された絶対主権が、国民を保護する力を失ったとき、国民は服従義務を解除されるとは、『リヴァイアサン』でも述べられていた。この小論ではその問題を、イギリス革命の渦中におけるホッブズ自身の身の処し方について論じている。結論だけをいっておくと、ホッブズは保護と忠誠は相関的だといって主著の命題を繰り返しているようだが、論敵が掲げる心情的な忠誠問題を服従問題に切り替えようとしているのである。ここに近代化するジェントリの姿を見ることができないだろうか。後述するように、戦地からコピーで持ち帰ったボルケナウの本の影響もあっただろう。もちろん原点は、平等な個人がもつ不可侵の自然権としての生存権である。

第二論文は神学論争の紹介と誤解されそうだが、異端と訳されるヘレシーとはさまざまな意見のひとつにすぎないということによって、神学論争への無関心が表明される。ニケア（ニース）公会議を召集したコンスタンティヌス帝の最大の関心事は神学的真理ではなくて、国内教会内の平和であった。皇帝によって招集された主教たちは、それぞれに中傷非難する文書を持って参集した。皇帝はかれらが相互に同意して信仰箇条を決定することを求め、かれらがどのように決めても、自分はそれを守らせるであろうといった。皇帝にとっては、信仰箇条の内容はどうでもいいのである。リヴァイアサンの主権者は信仰内容にも関わらなければならなかったが、ホッブズは信仰内容をできるだけ単純化することによって論争の余地を封じ、無関心に近づけようとしたのではないかと思われる。合意された信仰箇条を守ることを求めて中傷論難文書の束を渦中に投じた皇帝は、かれにとって主権者のモデルのひとつであったかもしれない。

以上二篇はホッブズ（一五八八―一六七九）の晩年の著作であり、死後の出版でもあるが、ホッブズはその生涯の大部分を革命的騒乱のなかで生きてきた。生涯の終りになお生存の正当性を主張しなければならなかったのである。

人類の現代文明では、そのなかに深刻な落差や亀裂を抱えているとはいえ、そこで人間が生きているということは、当然の日常的な事実と考えられ、生存権が問題になるのは、その日常的な事実が天災、戦争、貧困、病気などによっておかされたばあいに限られている。そのような日常生活のなかで、絶対不可侵の自然権としての生存権（自己保存権）を礎石として近代国家論が構築されたのだというと、なんの変哲もない日常の事実が、なんで国家論を支えることになるのだという疑問がおこるに違いない。しかしトマス・ホッブズがそのような主張を展開したとき、イギリスの民衆にとっては、生きることはこの世でもあの世でも、日常の事実になってはいなかったのである。

あの世の沙汰はもちろんキリスト教会の管轄であるが、これがいくつもの宗派に分かれて争っているので、ひとつの宗派の熱心な宗徒であることは、他の宗派によれば異端者であって地獄に落ちること間違いなく、やすらかに生きることも死ぬこともできないのであった。あの世に行く前に決着をつけるのが、魔女狩りと異端糾問である。そのころの多数多様な宗派を大別すれば、もちろんまず旧教（カソリック）と新教（プロテスタント）に分けられるが、どちらも一枚岩ではなかった。ローマ法王（教皇）のカソリックからは、一五三四年にヘンリ八世が首長となったイングランド教会が分離対立し、フランスではパリの聖職者会議が一六八二年にガリカニスム宣言によって、ローマからの独立を主張した。他方でルターによって開始された宗教改革の流れから、まず再洗礼派とカルヴァン派が分離し、後者は、フランスで血まみれの宗教戦争をひきおこし、ノックスによってスコットランドに伝えられた長老主義は、一六四〇—一六六〇年のイギリス市民革命論の想源となった。一五八八年にホッブズが生まれたとき、かれの母はスペイン艦隊（アルマダ）の来襲の噂におびえて早産したといわれているが、無敵をほこったこの艦隊も、カソリック陣営最強の武力として国際的宗教戦争に参加したのである。その年フランスでは、ギーズ公アンリが暗殺され、翌年には国王アンリ三世が暗殺され、やがて後継者アンリ四世が、改宗して「パリはミサに値する」というに至るのだが、個人の信仰の問題である宗教が、権力と結びつくことによってとめどもなく腐敗していくのを、やがてホッブズも見るのである。同じころイギリスでも、フランスほど露骨に宗派問題がからむことはなかったが、エリザベス一世をめぐって血で血を洗うような政争が繰り広げられた。ホッブズが生まれる直前の一五八七年にはQueen of Scotsの称号をもつメアリ（一五四二—八七）が、エリザベスによって処刑されていたのである。フランスにアンリが何人もいて煩わしいのと同様に、イギリスにはメアリが何人もいるのだが、このメアリはスコットランド王ジェイムズ五世の娘で、フランスでカソリックの教育を受け、スコットランドをフランスに譲渡する計画に参加していた。

ホッブズはこのような状況のイングランドに生まれた。場所は港町ブリストルから程遠くない丘の上の市場町マームズベリ。港からアルマダ情報ははいりやすかっただろうし、人々は敏感だっただろう。

ホッブズの父は国教会牧師であったが喧嘩ばやく、そのために町にいられなくなったとされている。トマスは手袋製造業者の富裕な伯父（叔父）フランシスに引き取られて、オクスフォードのモードリン・カレジで学ぶことができた。一六〇八年二月にBAを取ったかれは、その年のうちにウィリアム・キャヴェンディシュのテューターとなり、その後死に至るまで、数年の間隙を除いてこの家族（デヴォンシャー伯爵、のちに侯爵）と共にあった。十七世紀のイングランドには人名事典に載るようなウィリアム・キャヴェンディシュが五人いて、ホッブズの弟子もそのひとりだが、もう一人のウィリアム・キャヴェンディシュは、ニューカスル侯爵として国王軍の総司令官になって活動した。両キャヴェンディシュ家は後者の妻のマーガレットによって結ばれていた。忠誠問題を論じるホッブズの頭のなかに、このような貴族たちがあったことは確かだろう。

テューターとしてのホッブズは、貴族たちの慣習にしたがって、弟子を連れて大陸への

Grand Tour にでかける。一六一〇年から一五年にかけてであったから、六年間近くをフランス、スイス、低地諸州で過ごしたことになる。帰国後しばらくフランシス・ベイコンの秘書を務めたのち、一六三〇年に別の貴族のテューターとしてフランスとジュネーヴを訪問した。このころホッブズがユークリッドの著書を読んで、幾何学と恋に落ちたといわれるのは、ジュネーヴでのことかもしれない。一六三四年から三六年にかけてホッブズはまた、キャヴェンディシュ家の青年をつれて大陸にわたり、フィレンツェにガリレオを訪問した。この旅行では、マラン・メルサンヌやピエール・ガセンディなどのフランスの哲学者と親交を結ぶことができたのだが、四年後に亡命者としてかれらを頼りにすることになろうとは思わなかっただろう。というのは、前からくすぶっていたスコットランドの長老派教会とイングランドの国教会（およびその首長としての国王）との抗争が、ホッブズが帰国するころに発火点に達したのだからである。国教会の宗教儀礼の強制はスコットランドでは良心との問題として受け取られ、武力抵抗の理由になった。イングランドの国王の権限とスコットランド国民の良心の関係という問題が、イングランドの国王対議会の問題に置き換えられたのである。議会の有力者たち（主としてロンドンの大商人と東南部イングランドの地主たち）も長老派であったから、当然のなりゆきであった。

貴族知識人の討論サークルに属していたホッブズは、一六四〇年五月に「人間本性 Human Nature」と「政治体 Corpore Politico」を書いて手稿のまま回覧させたが、社会契約による絶対主権の成立というホッブズの理論は、議会派にとっても国王派にとっても攻撃しやすい構造をもっていた。当時の状況では左からの攻撃のほうが激しく、それがホッブズを亡命に追いこんだのだろう。かれは一六四〇年十一月から一六五二年二月までフランスで亡命生活をおくり、そのあいだに『市民論』のラテン語版(一六四二)と英語版(一六五一)などを出版した。さらにトマス・ホワイトの De Mund の批判、ブラムホールとの論争書、そして最後に『リヴァイアサン』(一六五一)という著作活動は、思想家としての最盛期を示すものといえよう。亡命宮廷との関係は、初期に皇太子に数学を教えたくらいで、一般に無神論者として警戒されていた。『リヴァイアサン』が一六五一年にイングランドで出版され、翌年ホッブズが帰国し、さらにその翌年にクロムウェルが護民官 Lord Protector として独裁を確立する。こうしたクロノロジーのために、ホッブズはクロムウェル政権に屈服し、帰国する手土産に『リヴァイアサン』を出版したのだとされて、国王への忠誠義務の放棄を攻撃されたのである。この点は「ホッブズの弁明」のなかで反論されている。

帰国からチャールズ二世の帰国(一六六〇)まで、ホッブズがどこでどうして暮らしていたかということも非難と弁明の論点であり得るだろう。クロムウェルに降伏した証拠はあるのか。そのころのかれへの手紙の着信地、かれからの手紙の発信地はロンドンあるいはグリーン・ドラゴンとなっていて、グリーン・ドラゴンはかれの出版者クルックのアドレスである。ホッブズは一六五五年に『物体論De Corpore』、翌年にその英訳、一六五八年に『人間論De Homine』を、すべてクルックから出版しているから、生活の拠点もここにあったと考えていいだろう。しかし一六六三年九月のオウブリあての手紙は、デヴォンシャー伯の居城であるチャツワースから発信されているから、そこでの晩年の生活が一六六〇年代初頭にはじまったのだろう。言うまでもなくそれは国王の帰国直後に当たり、『ビヒモスあるいは長期議会』が書かれたのも、そのころであろうか。この本は、題名から推測できるように、革命に対する態度表明であって、国王が出版を許さなかったのも、出版によってホッブズをめぐる論争が激しくなるのを憂慮したためかもしれない。それについては近く岩波文庫の翻訳が出るのにゆずって、ここでは主著『リヴァイアサン』が毀誉褒貶の対立する評価を生んだことに触れておきたい。問題はそこから始まっていたからである

リヴァイアサンというのは、旧約聖書のヨブ記に出てくる怪獣の名称である。ホッブズがその名をもらって理論的に組み立てたリヴァイアサンすなわち近代国家も、怪獣として生誕の当

初から非難攻撃の的であった。リヴァイアサン狩りあるいはホッブズ狩りという言葉もできたし、最近では『リヴァイアサンの飼い馴らし』(Taming the Leviathan) という大著がでた。

かれはイギリス市民革命の第一段階（一六四〇—一六六〇）を生き抜いた思想家であったから、必然的に生々しい論争の渦中になげこまれることになったのだが、渦の中心は二つあって、それはかれの忠誠と信仰であった。訳出した二篇の翻訳は、まず忠誠についてのかれの弁明であるが、その前提となっているのが、主著『リヴァイアサン』で展開された各個人の不可侵の自然権としての自己保存権すなわち生存権の主張である。独立自由平等の諸個人が生存のために全力を挙げる自然状態は、殺しあいの戦争状態にならざるを得ない（ホッブズには生活資料の生産という観念がない）から、社会契約によって絶対権力をもつ主権者を設定して平和を作り出さなければならないのであって、そのために全員が自然権を停止または（主権者に）譲渡しなければならないという、いわば表向きの理論では、自然権は絶対主権を正当化するためのフィクションにすぎないかのようである。それで、ホッブズに抵抗権の思想があるかという問題が提起されたことは何度かあったが、否定的意見が優勢であった。そもそも抵抗がいっさいないということが絶対権力というものの本質なのだから、当然のことなのである。戦争参加にたいする良心的拒否ということも、太平洋戦争後の捕虜として、オーストラリア軍で確認したが、国家権力の譲歩によって可能になったのであって、それまではひとつの犯罪にすぎなかった。体制そのものが反体制の抵抗を権利として認めるということがナンセンスなのである（体制のなかに体制変革の可能性を作っておくということではない）。ところがホッブズは、各個人は絶対権力による殺傷監禁に対して、かれの犯罪を理由とするものであっても、自然権に基づいて抵抗することができるというのである。自然権は譲渡されたのではなく留保されているにすぎないのである。もちろん個人の抵抗は、実力的には問題にならないが、連帯によって政権を倒すことになるかもしれない。国家権力が国民生活を保護する力を失ったときに、国民は忠誠義務から解放されて、新勢力に服従する自由を得るのである。

「忠誠と保護は相関的である」と弁明書のなかで書いているとおり、ホッブズは国王が自分を保護できなくなったので、クロムウェルあるいは議会の保護を求めたのであって、国王を見捨てたのではないというのである。明治政府が、『リヴァイアサン』の前半を『主権論』として翻訳出版したとき、人権論を削りながらこの部分を残したのは、明治政権の人々がある時点まで自分たちを革命政権と考えていたことからすればむしろ当然であった。

社会契約という民主的手続きによって絶対主権を作ったことも、そのなかで抵抗を認めたことも、それぞれ矛盾に違いないが、それを個人の問題として、自分で絶対主権を作っておきながら、それが自分の身体生命を棄損することは許さないという自己矛盾が、近代個人の本質なのだろう。

In retrospect 研究私史的に

一九四二年一二月、神戸港から輸送船安芸丸で南にむかうぼくがもっていた本は、エヴリマン文庫の『リヴァイアサン』、ペリカン文庫の『武器よさらば』、茂吉の『暁紅』であった。従軍文官服に軍刀を下げて家を出る前夜まで、ぼくは卒業論文『生成期国民国家の思想史的研究』の続篇を書き続けていた。一九四一年一二月の繰上げ卒業までに、アダム・スミスの法学講義（一七六三年、通称ＬＪＢ）の訳稿は、高島先生の点検を終えて共訳出版の準備中であった。こういうことをあえて書くのは、命がけの出発であるはずのこの時点で、本人のかなりいい加減な不戦の決意とかかわりなく、研究の出発点についていたからである。ホッブズとスミスは、大学の一年と二年のゼミのテクストであった。卒論の題名にある国民国家は、ブルジョワ国家あるいは市民社会のことである。

一八ノットの高速輸送船は一週間でシンガポール（昭南島）につく。そこでぼくを驚かせたのは、初めてみる慰安所ではなく、一年前に激戦が行なわれたに違いないその場所に、インテリ向きの本を備えた本屋があったことだった。ぼくはその本屋でクールトンの中世イギリス思想史と、英語で書かれたロシア語文法書を買って、六ノットの老朽船でジャワへむかった。

一九四六年六月九日、捕虜収容所を出てスラウェシ島パレパレ港から、復員船ジョージ・ポインデクスタ号に乗り込んだぼくがもっていたのは、シンガポールで買った二冊とB4タイプ用紙五四枚のコピーだった。クールトンは捕虜としてマカッサルにいるときに読了したが、ホッブズはわずかな読書ノートとともに移動中に紛失し、ヘミングウェイは「兄貴をヤマシタにころされた」といって自動小銃の安全装置をはずして迫るオーストラリア兵に奪われたのである。復員船で書類を持ち出すことは禁止されていたが、ぼくがロイテ（中尉さん）とよんでいた若いオランダ人将校は、学位論文に必要だというぼくの説明にすぐ納得して、タイプ・コピーの携行を許可してくれた。この人も学徒兵かなとぼくは思った。それはバタフィア（ジャカルタ）高等法学院図書館所蔵のフランツ・ボルケナウの『封建的世界像から市民的世界像への移行』の後半のコピーで、前半の邦訳は出版されていたのだが、当時の日本で警察権力の介入のもとでは、訳者や原書に接触することさえ危険だとされていた。敗戦のいまとなっては、その危険はなくなったのだが、戦災という可能性は残っていた。この本の内容と日本での利用についてはあとで述べるが、[1]フランクフルト学派が日本に知られるようになったきっかけのひとつ、といっておこう。

（1）　ボルケナウ（Franz Borkenau, 一九〇〇―五七）自身についての日本語文献としては、細井保「近代のアンチノミーと全体主義――フランツ・ボルケナウの政治思想」（『思想』二〇〇五・六）、同「F・ボルケナウの歴史哲学と政治思想」（『法学志林』二〇〇二・三）。次のものは、ボルケナウの学友（ライプツィヒ大学）ローヴェンタールによって編集された、遺稿集である（Franz Borkenau, End and beginning. *On the generations of cultures and the origins of the West.* Edited with an introduction by Richard Lowenthal. New York, Columbia University Press, 1981.）。

ホッブズとスミス

復員して復学し、母校の特別研究生として研究を開始したとき、最初の仕事は恩師と共訳のアダム・スミス『グラスゴウ大学講義』（日本評論社、一九四七）、ホッブズ『リヴァイアサン』第一部の訳（日本評論社、世界古典文庫、一九四九）であった。前者はＬＪＢと呼ばれるようになった法学講義であり、「もう君一人でいいよ」という恩師の言葉を受けて単独訳が実現したのは、六十年後のことだった（『法学講義』、岩波文庫、二〇〇五）。ホッブズのほうは、多くの研究者が最初の翻訳で経験するように、穴があったら入りたいほどのできばえであり、第二分冊のゲラの段階で出版社が倒産してくれたのは、不幸中の幸いであった。岩波文庫による改訳の出版は、出版事情やラテン語版との対照による停滞があって、四分冊が完了したのは一九九二年であった。そのあいだに水田洋・田中浩共訳で全訳と称するものが河出書房から出版されたが、これは紙数の制約があったためか、水田訳・田中編というべきものになり、全訳ではない。

ぼくはこれらの翻訳と平行して、ホッブズについては『歴史学研究』（一九四九）に「ホッブズ解釈の一系列」を連載し、スミスのほうは、高島善哉編『スミス国富論講義』全五巻（春秋社、一九五〇—五二）に「スミスを生んだ時代と社会」を連載した。前者はホッブズ研究の開拓者テニエスをはじめとする、ドイツ社会民主党系のホッブズ論を検討したもので、捕虜からもちかえったボルケナウも利用されていた。この論文に対しては、「もっと問題意識のあるものがほしかった」という編集委員会の見解が、吉田悟郎から伝えられた。

じつはその前に、『群像』（一九四七・一〇）に掲載された「文学的ヒューマニズムの性格」についても、編集部から「もっと問題提起的なものを期待していました」といわれていたので、またかという感じで聞き流したのだが、前年に出た田中吉六の『スミスとマルクス』(真善美社、一九四八)は、戦後初めてボルケナウを利用したということだけでも、そうはいかなかった。ぼくはこの本を客観主義として批判し、近代個人の主体性を対置したが(内田義彦も)、マニュファクチャー時代の哲学史研究というボルケナウの問題設定のかぎりでは、機械論・客観主義を中心とする田中の理解のほうが正しく、われわれは焦りすぎていたのである。

さらにそれより早く、『思想』が復刊されて、その第一号(通算二七四号、一九四七・二)に当時松本高校にいた竹内良知(一九一九―九九)が「イギリス経験論と市民社会」を書いて、ちょっとした衝撃を与えたが、かれが原典を読んでいないこと一読して明らかであったし、まもなくぼくの歴研論文が逆にかれに衝撃を与えることになる。その後ふたりはほとんど同時に名古屋大学助教授(文学部と法経学部)になり、同じ国設宿舎に住むことになったのである。読んでもいないホッブズについて敢えて書いた理由は聞く機会がなかったが、復刊第一号の巻頭論文としての栄光に加えて、旧制第五高等学校の先輩、久野収(一九一〇―九九)の斡旋があったと考えていいだろう。(2)

(2) 個人史として書いておくのだが、久野収はぼくにとって、単なる妨害者にすぎなかった。ぼくが『リヴァイアサン』をラテン語版への参照を含めて全訳しようとしていたとき、久野は岩波文庫の編集者からそれを聞いたのであろうか、村上一郎にそれは水田にはできないことだといって、村上を憤慨させたが、これには実害がなかった。岩波の編集者が久野の水田批判を受け付けなかったということでもあろう。つぎは桑原武夫編『フランス革命の研究』の書評への久野の介入である。『思想』の編集部からの依頼でぼくが書くことになっていたところに、久野が水田ではだめだから鶴見俊輔に書かせろと言い出したので、困惑した編集部が二人の分担に変更した、ということである。かなりあとになって共産党系左翼の偏狭さの例として、久野がオーウェルの『ウィガン・ピアへの道』（一九三七）が左翼読書クラブの文庫に含まれていないといったとき、ぼくは左翼読書クラブ版を持っていると反論した。鶴見がわざわざ賛成してくれたのは、一昔前のことを覚えていたからだろうか。

見られるとおり、復員して研究生活を始めてからしばらくは、翻訳と論文の双方で、ぼくはホッブズとスミスの二足わらじをはいていた。学生としてスミスの法学講義を読んだとき、取引が一般化すれば契約が誠実にまもられるというところを（ぼくはまだ、商業社会における相互同感というスミスの考えかたをしらなかった）ホッブズにつなげられないかと、考えたことはあったがそれだけであった。他方で、大学でミュルダールの『経済学の学説形成における政治的要素』の講義（山田雄三）をきき、マルクス主義歴史学の洗礼を受けて、何がどの階級にとって自然かを考えてみると、スミスに（あるいはマルクスに）自然法思想があるかないかという伝統的な議論は、あまりにもとりとめがなかった。大学ではもうひとつ、上田辰之助を通じて、トマス・アクィナス（一二二五―七五）の自然法思想にもふれていた。ミュルダールの問題提起はとうぜんマクス・ヴェーバーを想起させるだろうが、西南ドイツ派の新カント主義哲学は、リッカートの高弟左右田喜一郎（一八八一―一九二七）によって、東京高等商業学校に伝えられていたから、われわれにとってリッカートは予科の読書会のテクストであり、ヴェーバーの『社会科学方法論』（岩波文庫、一九三六）の訳者のひとり（富永祐治）は、恩師とほぼ同期の先輩であった。このような事情は、内田義彦の「一橋はヴェーバーははやかったんだね」という感想を引き出した。

東京大学出版会にいた山田宗睦の企画によって出版されたぼくの最初の著書[3]『近代人の形成――近代社会観成立史』（一九五四）は序章・社会思想と社会科学、前編・近代自然法思想の歴史的性格、後編・ホッブズにおける社会観の旋回、補論、終章からなり、本論すなわち前編はトマスの封建的（存在論的）自然法の批判からはじまっている。存在論的というのは、トマスにとって自然法が神の秩序として実在し、逸脱者は神に対する反逆者として人間の資格を奪われることをさしているのだが、同時にここには、やがて逸脱者の側に人間の資格が移転することが意味されていて、それが後編の社会観（および人間類型）の旋回となるのである。[4]これはミュルダールが、ケネーの自然法は現実密着的だから科学的だといったことを裏返しにした発想である。

（3）その前に『社会思想小史』（中教出版、一九五一）があり、共著の『近代社会観の解明』（理論社、一九五二）があったが、いずれも社会思想史の講義用テクストであった。

（4）思想史のこの手法に目をつけて、日本政治思想史に転用したのは守本順一郎であった。守本順一郎『東洋政治思想史研究』（未來社、一九六七）、一九五―二〇四ページ。

ホッブズによる旋回とは、体制ではなく個人が主役になったことである。問題はホッブズの、自然権としての自己保存権すなわち生存権であった。かれによればすべての個人は心身の能力において大差はなく、平等不可侵の自然権としての生存権にもとづいて、生存競争に全力を挙げるのであった。その結果は当然、万人の万人に対する戦争状態としての自然状態になる。生きるための殺し合いという矛盾を避けるために、全員が理性に教えられて、社会契約を結んで絶対主権を設定するのだが、そのとき自己保存権は放棄されるのか停止されるだけなのか。各個人は主権に対して不満があっても抵抗することはできない。絶対主権に全員が自発的に服従することによって市民が成り立ったのだからである。しかし各個人は、主権者がかれまたは彼女の生命・身体を毀損・拘束しようとするときは、それが法律にもとづき、主権者として正当な行為であっても、生存権にもとづいて逃走または抵抗をすることができるとされる。かれの隣人は、かれを助けて主権者に抵抗することは（社会契約に反するから）できないが、もしかれを助けて主権者によって処罰されることになれば、かれと連帯して抵抗することが正当化される。抵抗者の連帯が主権者の力を超えれば、主権者は臣民を実力的に保護することができなくなり、臣民たちは実力で生きるか（戦争状態におちいり、外敵の侵入もありうるから）、保護してくれる新しい主権者に服従するしかない。ホッブズは支配と服従の問題を、『リヴァイアサン』ではこのように抵抗問題すなわち自然法に対する自然権の優位として説明したが、革命後に書かれた『弁明』では、支配と服従は相対的、相関的であるとしている。抵抗問題を避けたかわりに、かれ自身厳しく追及された忠誠問題を、服従問題にすりかえたのである。保護と服従は事実問題であって、忠誠は心情問題であるというのだろう。主権者の保護能力は、内部からの抵抗と外部からの侵略によって失われ、服従義務は解除される。ホッブズにとって、心身の能力において平等な諸個人が、それぞれの生存のために全力を尽くしてかえって万人対万人の戦争状態に陥ることも、それから脱出するために全員自発的参加の社会契約で絶対主権をもつ国家（コモンウェルス）を設立することも、近代個人の自然の生成過程なのであった。すぐ前に述べた服従問題は、そういう国家の崩壊過程、あるいはそれからの離脱過程を論じて、近代個人の平和的共存を保障する制度としての近代国家の性格をあきらかにすることになった。前述の『近代人の形成』は、このような展望をもって書き上げられたホッブズ論だったのである。

ところが、自然法に対する自然権の優位が、一読すればわかるほど明白であるにもかかわらず、国際的な研究史においても、国内への導入史においても、このことは抹殺されがちであった。国際的には（といってもキリスト教界のことだが）、神の自然法という観念の圧倒的支配のもとで、人類の自然状態としての戦争状態を説くことは、ホッブズのような勇気がなければ不可能であった。二十世紀になってもリヴァイアサン狩りとか飼い馴らしとかいう題名の研究書が、ケンブリジ大学出版局から出るという状態は、問題が存続していることを示しているだろう。ぼくがホッブズを論じるのに、前述のようにわざわざトマスからはじめたのは、このような研究状況に対応するためであった。

実をいうとそのとき、狩りにいくらか立ち入るつもりで、次のような同時代の反ホッブズ文献の写真判コピーを作ってみたのだが、こと志と違って今日にいたっている。ゼロックスなど想像のできない時代だから写真によるしかなかったのだが、さいわいゼロックスより耐久性があるので、利用者をまつことができる。

Lawson, George, Rector of More in the county of salop, *An examination of the political part of Mr. Hobbes his Leviathan*. London, printed by R. Whyte, for Frances Tyton, 1657.

Lucy, William, Bishop of St. David's, *Observations, censures and confutations of notorious errours in Mr. Hobbes his Leviathan, and other his books*. To which are annexed, occasional animadversions on some writings of the Socinians, and such hareticks; of the same opinions with him. London, printed by F .G. for Nath. Brooke, 1663.

[Pike, R. or William], *Examinations, censures, and confutations of divers errours in the two first chapters of Mr. Hobbes his Leviathan.* London, printed by Philip Wattleworth for William Hope... 1656/7.

[Pike, William],*Observations, censures and confutations of divers errours in the 12, 13, and 14 chap. of Mtr. Hobs his Leviathan*. London, printed by T .F. for H. Robinson, ...1657.

Rosse, Alex, *Leviathan drawn out with a hook. Animadversions upon Mr. Hobbs his Leviathan.* London, printed by Tho.Newcomb, for Richard Royston, 1653.

Wallis, John, D. D., Professor of Geometry in Oxford, *Hobbius heauton-timorumenos. Or a consideration of Mr Hobbes his dialogves*. In an epistolary discourse, addressed, to the honourable Robert Boyle, Esq. Oxford, printed by A. & L. Lichfield, for Samuel Thomson, 1662.

最後のものはホッブズが『弁明』で相手にしている著者と著書である。

国内即ち日本への導入史はもっと悲惨であった。というのは明治政権の文部省が、『リヴァイアサン』の第二部だけを『主権論』として出版したからである。第一部が完全に無視されたことによって、自然権だけでなく戦争状態としての自然状態までも欠落したまま、ホッブズの自然法思想が導入されたわけで、これでは生存競争を平和に運営するために絶対主権に服従せよというだけのことになってしまう。したがって日本のホッブズ研究史では、自然権を積極的に評価したのは重松俊明『ホッブズ』(一九三八)であり、それはLeo Strauss, *The political philosophy of Hobbes*. Oxford ,1936の影響によるとされるのである。戦後にわれわれが自然権の優位を取り上げるまでは、丸山眞男によっても「自然法の思想……は最初はむしろ封建的＝中世的立場から君権を制限する理論であったのが、漸次新興ブルジョアジー……の理論に転化した。ジョン・ロックはこうした立場からの自然法理論の輝かしい最初の代表者である」(一九四六)とされていた(『丸山眞男話文集』、二〇〇八)。ホッブズは『日本政治思想史研究』(一九五二)には何度か登場するのだが、法実証主義を生んだ機械論的有機体説の開拓者としてであって、その自然法思想にはまったくふれられていない。自然法思想についてはケルゼンを参照せよという注があるのだが、「もっともそこでは自然法の変革的側面は事実上殆ど否定されている」ということである。ケルゼンにとって自然法は規範であった（ハンス・ケルゼン『神と国家』長尾龍一訳、木鐸社）。なお、この丸山の本にロックへの言及がまったくないのは、収録論文が一九四四年までに書かれたということによるだろう。

戦後の丸山の発言のなかで、ホッブズはほとんど常にロックと対比されている。『回顧談』と『話文集』から例示することもできるのだが、問題は丸山ではなくてホッブズなのだから、ここで『回顧談』からの引用で、いちおうまとめて次に進みたい。「ぼくの勉強の系列から言うと、よく勉強していたのはロックよりホッブズなのです。……ホッブズは非常に鋭くて論理的で、どこへ行ってしまうか判らない。極端な個人主義から出発して、国家絶対主義にいくわけです。……［日本の自由民権運動の］規範的自由という要素のなさ。ロックではそこが見事にでているということです。ホッブズは唯物論だから、それがないのです。自然権というのは、文字通り人間のもっている自然の性質そのままでしょう。だから、万人の万人に対する闘争になってしまう。ロックの場合には、はじめから人間を自己規制のきいている動物としてみる。そこに人間観の違いがある。だから、自然状態の叙述がホッブズと反対になってしまうわけです」。これでは、ロックにおいてはもちろん、ホッブズにおいても、自然権による抵抗が考えられる余地はない。しかしそれでは革命の動乱のなかを生きたホッブズの人間観を理解できないのではないか。ホッブズが見ていたのは革命のなかの人間ということであり、それは近代人の形成の萌芽でもあるだろう。保護してくれる限りでのみ服従する市民は、自然権にもとづいて抵抗する。そのような人間を革命期の開明的ジェントリとマニュファクチャー・ブルジョワジーのなかにみたのが、フランツ・ボルケナウの大著『封建的世界像から市民的世界像への移行――マニュファクチャー時代の哲学史の研究』（*Der Übergang vom feudalen zum bürgerlichen* Weltbild. Studien zur Geschichte der Philosophie der Manufakturperiode von Franz. Borkenau. Paris, Alcan, 1934.）であった。ホルクハイマーが編集するフランクフルト社会研究所の叢書の一冊として、パリで出版されたもので、序文はジュネーヴ、出版はパリということは、著者も研究所もすでにナチスに追われた亡命状態にあったことを示している。

この本は、当時数冊が日本に入っていて、唯物論研究会などで紹介され、ジャンセニスムまでの前半（第一章マニュファクチャー時代の哲学、第二章自然法則の概念、第三章自然法と社会契約、第四章新しい道徳と新しい神学）が新島繁（野上巌、一九〇一―五七）・横河次郎両氏[5]によって、翻訳・出版（一九三五）されていた。しかも、出版社の叢文閣の倒産によってか、新本が古本市場にあふれていたのである。われわれはむしろ、デカルト、ホッブズ、ガセンディ（ガッサンディとしたのはまちがい）、パスカルを扱った後半に期待したのだが、それはホッブズの自然理論の部分が雑誌『唯物論研究』の終刊号（一九三八・三）に、Y・J（横河次郎）の訳で発表されたにとどまった。

（5）二人の先学のうち、野上氏には、われわれが翻訳を始めるにあたって吉祥寺のお宅に尋ね、先駆的努力に感謝した。しかし氏は神戸大学講師に就任（一九五五・三）してまもなく肝臓癌で死去された（一九五七・十二・十六教授昇任、十二・十九死亡）ので、唯物論全書の『社会運動思想史』（一九三七）からの更なる展開はなかったようである。横河氏は戦後中国に残留して協力されたと聞いている。宇都宮高等農林学校の教授としての義務感にもよるものであっただろう。われわれの翻訳が出版されたとき、仁井田陞氏の助言により中国の横河氏に一本を贈って謝意を表明したが、その後北京で、入院中の同氏に電話でお礼をいう機会を得た。新島氏については神戸大学近代発行会『近代』新島繁追悼特集号、一九五八・一二があり、蔵書約四、〇〇〇冊が「新島繁文庫」として、神戸大学附属図書館におさめられた。

ここで話は二つに分かれて、一方は原書の探求から戦後の全訳に至り、他方は翻訳された前半が当時の研究者たちに与えた衝撃をおうことになる。丸山眞男は前記論文集のあとがきで「私にとくに示唆を与えたヨーロッパの社会科学者」としてマンハイムとヴェーバーをあげ、「なお翻訳で読んだF・ボルケナウの『封建的世界像から市民的世界像へ』も少なからず裨益した」と追記している。一九三五年末に翻訳が出版されてから、主として歴史学研究会で読書会が続けられたようで、丸山のほかに奈良本辰也(6)、遠山茂樹(7)や松島栄一(8)など日本史研究者が、戦時中も灯火管制下の暗い電灯で討論を続けたといわれている。ボルケナウの何がそれほど、かれらをひきつけたのか。松島栄一の小論の題名がしめすように、それは思想史から歴史をてらしだすという、日本の歴史家にとっては思いがけない方法の出現であった。同時に丸山のような思想史家にとっては、改めて足元をてらしだすことでもあっただろう。(9)

(6) 奈良本辰也『近世封建社会史論』(一九四八)。奈良本辰也(一九一三—二〇〇一)については、丸山が『日本政治思想史研究』の英語版序文の注で次のように書いている。「全く偶然にも、ほぼおなじ時期に、奈良本辰也がやはりボルケナウの分析方法に学んで、徳川時代における朱子学自然法の分解過程の跡付けを試みた。」奈良本は、京都帝国大学文学部出身で、当時、立命館大学教授。

(7) 遠山茂樹(一九一四—)と松島栄一(一九一七—二〇〇二)は当時、東京帝国大学史料編纂所勤務。

(8) 松島栄一「日本封建社会の思想史的研究」(『歴史学研究』一四八)。史料編纂所勤務。

(9) 思想史が歴史を照らしだすというのは、いわゆる歴史家たちが(マルクス主義者であってもなくても)歴史は事実であって思想はその上部に漂っているものと考えたがるのに対して、事実としての歴史を知るための史料なるものがすでに思想の表現ではないのかということから、すべての歴史は思想史に帰着すると主張したことに対応する。いまの例で言えば、ボルケナウの着想から日本の地主層が見えてくるということでもある。

丸山はのちになって(一九八八)、ボルケナウの図式について次のように述べている。「『プロ倫』は早く訳されたものですから、熟読しましたし、正直言って下敷きに使いました、『日本政治思想史研究』の。それからボルケナウですけれども。中世の超自然と自然が連続している段階から、超自然がますます超自然になってくる。だから『神の超越性』がますます強調されていく。そこでカルヴィニズムが出てくる。すると逆に、近代的な実証科学という、『この世』的なものがますます『この世』的になってくる。つまり、超自然との自然の連続性が絶たれていく過程。これは面白いとおもったのですね。／それで、今はちょっと自己批判をしていますけれど、この図式を使えると思ったわけです。」(『話文集』二、四一五ページ)。丸山は「思想史の方法を模索して」(『名古屋大学法政論集』七七、一九七八)で、ボルケナウの方法について、マンハイムとグロスマンにも触れながら、やや詳しく触れている(『丸山眞男集』一〇、三二七—三三〇ページ)。一九六四年には『一橋新聞』に「そういう方法論については、ボルケナウの本ですね、こういうものを書いてみたいという気はありましたね」(『丸山眞男集』一六、五二一ページ)と語り、『日本政治思想史研究』の英語版序文(一九八三)でも、ボルケナウの分析に「大きな刺激と示唆を受けた」(一二、八六ページ)としている。思想史の方法論について、マンハイムの原論とボルケナウの各論は整合的だろうか。

ボルケナウの照明の焦点には、イングランドのジェントリ[10]、郷士層があり、そのなかでもとくに近代化に対応しつつあるブルジョワ地主層があった。かれはこれをモンテスキュウのようなフランスの法服貴族の例で説明しているが、ブルボン絶対王政の売官制度を利用して、旧体制に食い込んでいくブルジョワと、形は似ていても商品生産とのかかわりが、ブルジョワ郷士層は法服貴族とはまるでちがうのである。ボルケナウも「フランスの法服貴族が製造業ブルジョワジーの欠如のために……封建制の枠を超えることができなかったのに対して、イングランドのジェントリは、強力な製造業ブルジョワジーの後援をもち、一時はそれに追い越されるほどであったから、保守的ではあってもブルジョワジーとして機能するのだ」といっている。国王に対する議会の勝利を決定的にしたのは、クロムウェルが率いる東南部イングランドのジェントリ騎兵団であった。かれらは旧体制内で耕作権の保証を得ながら、支配者に対しては、ホッブズとともに、服従するのは保護してくれる限りのことだ、というのである。「ホッブズはまさに、地主ジェントリの最も自覚したブルジョワ的部分のイデオローグだ」とボルケナウは結論する。

(10) ボルケナウのジェントリ論には、フランスとの比較を含めてかなりの混乱があるのだが(水田前掲書、三四九―三七三ページ)、『アナル』誌の創設者リュシアン・フェーヴルはそれを、「カエサルがブローニングの一発で殺される映画」のようだという皮肉を添えて、実り多き着想と推奨したのである。ボルケナウも参照しているマクス・ヴェーバーの長老派貿易商人、大塚史学のヨーマン、さらにはこの段階では考慮することができなかったクリストファー・ヒルの研究成果などを考慮して、議論を拡大深化することができよう。

ところが、このホッブズ評価と真っ向から対立するのが丸山眞男である。「フィルマーにせよ、ホッブズにせよ、いずれも政治的には反革命の陣営に属しており、これらにたいするロックの迫撃が終始革命派の立場からなされていた。」ロックがフィルマーを名指しで非難しながらホッブズについてはそうしないことに留意しつつ、その説明は避けて丸山はつぎのようにいう、「ホッブズの問題提起はアナーキーか専制かの二者択一であった。この場合に専制は君主専制よりもむしろ国家専制であった――だからそれはクロムウェル独裁をも合理化しえた――が、ともかく立憲制による政治権力の制限を根本意図とするロックにとっては、ホッブズの提出した二者択一は到底承認されえぬところであった。」ロックが見ている郷士層が、土地所有を保証されて、議会を通じて王権を規制しようとしているのに対して、ホッブズの郷士は個人の生存権＝自然権にもとづいて服従を交渉するのである。両者の違いは宗教論にも見ることができて、寛容論を書いたロックが国教会の護教の鬼であったのに対して、ホッブズは異端問題を、ヘレシーとは意見のことだとして信仰の抽象化と多様化（相対化）に解消しようとしたのであった。

丸山のホッブズとボルケナウの評価には、もちろんまだ議論の余地があるのだが、それはいまの問題ではないので、丸山以後の世代に目を転じよう。といっても松島栄一とぼくとの年齢差は二年と三週間ぐらいしかないのである。翻訳書を一九三九―四〇年ごろ古本屋で買って、ホッブズの章が訳されていないのに失望したが、先輩たちの討論については知る由もなく、原書の所在については図書館情報網がないだけでなく、(実際には数人の所有者がいたのだが)追求することには特高の網にひっかかる危険が伴った。

そういう状態で陸軍属として、ホッブズとヘミングウェイと茂吉をもって輸送船にのったのは、一九四二年一二月であった。丸山の諸論文は『国家学会雑誌』に発表されつつあったが、噂の程度でしか知らなかった。シンガポール経由で着いたジャワは、日本軍が占領するまでオランダ領東インド諸島 Dutch East Indies と呼ばれていたオランダ植民地の中心であり、当時バタフィアとよばれていた現在のジャカルタがその首府であった。初めて触れたヨーロッパ文化は、植民地ではあってもかなり衝撃的であった。電気冷蔵庫が普及していたし、アドラツキー版の『資本論』第一巻は到着の翌日ぐらいに手に入れた。中部ジャワの植民農園の経営者の自宅には、パウル・フォーゲルのヘーゲル研究があった。雑誌『カント研究』の別冊として学生時代に知っていたが、ここで出会おうとはまったく思いがけなかった。そういうショックの最大のものが、ボルケナウの原書の発見だったのである。いまとなっては発見に至るきっかけが何であったかは思いだせないが、バタフィア高等法学院とでもいう、植民地最高学府の図書館からボルケナウを借り出したときは、赤い表紙のドイツ語版レーニン全集もいっしょだったような気がする。レーニンの方は助手のスパルジャンに、『ロシアにおける資本主義の発展』を読めというためだった。隣には憲兵司令部があって、ぼくはそこで、オランダ人の子どもをだいてとった写真のために始末書をとられたことがあった。発見したボルケナウは図書館の本なのだから、いくら占領軍の軍属でも私物化するわけにはいかない。ホッブズの章だけでも読みたいのだがその余裕はない。結局、国際電電ジャカルタ支社のエークホフという混血女性が、自宅でタイプライターを打ってくれることになった。オランダ語とドイツ語はかなり似ているといっても、ドイツ語のタイピストを探すのは簡単ではなく、国際電電にいた大学の文芸部の先輩が助けてくれたのである。こうして持ち帰られた後半のコピーは、回覧にも翻訳底本にも利用されたが、そのうちに原本所有者が判明して借用が可能になり、コピーの役割は終わった。

翻訳は、東京大学出版会にいた山田がそこから全訳を出版しようとしたが、原著者の厳しい拒否にあって挫折した。反共に転じた著者は、若きコミュニストとしての作品を葬りたかったのだろう。著者が拒否したのに、みすず書房から全訳が出るようになった経過はまったく知らないが、対ドイツ非協力によって占領軍につぶされたパリのアルカンを継承したPUF（フランス大学出版連合）が、好意的だったのではないかと想像している。翻訳は水田のほか花田圭介、矢崎光圀、栗本勤、竹内良知、元浜青海、山田宗睦、田中浩、菅原仰によっておこなわれ、藤野渉、鼓肇雄、水田珠枝が協力した。翻訳初版が二巻で出版されたのは一九五九年であったが、訳者のなかで現在生きながらえているのは田中と水田両名だけである。

一九七九年はホッブズ没後三百年になるので、ぼくはシェフィールドで、旧友ハワード・ウォリンダーが主催する記念学会に参加した。それよりはやく同じ年に国際学会がコロラドのボウルダーであり、それについて『思想』に書いたように記憶している。「日本はおれをかえた」というウォルトンと名札を交換するほどに酔ったのはよかったが、どこかの大学院の秀才らしい青年に、日本人はソヴェートが怖くないのかと本気できかれたのには驚いた。コロラドの会がかなり派手な国際会議であったのとちがって、シェフィールドでは、ホッブズ全集の編集者であるハワード・ウォリンダー(11)（シェフィールド大学教授）が主催するPolitical Studies Associationの年大会のなかの、ホッブズ・セミナーとして行なわれた。シェフィールドの郊外にはホッブズが世話になったデヴォンシャー公爵家の居城があるので、それを目当ての参加者もいただろう。

(11) ウォリンダーと知りあったのは、一九五四—五六年にブリティシュ・カウンスル・スカラーとしてグラーズゴウ大学にいたときだった。かれは政治学の講師だったが、だいたい同年だろう。マクフィー教授が、ブリリアント・チャップだといって紹介してくれたのである。二五年たってシェフィールドであったかれは、いかにも弱々しかった。学会の日本人参加者に「水田教授とグラーズゴウで知りあったときは二人とも若かったのだが、いまかれはまだ若々しいのに自分は老いぼれてしまった。日本には何か若さを保つための秘法でもあるのだろうか」とたずねたという。

「ホッブズと政治経済学、あるいはホッブズからスミスへHobbes and political economy, or from Hobbes to Smith」というぼくの報告は、プログラムの冒頭にすえられていて、セミナーは「水田教授ははるばるall the way日本からきてくれた」というウォリンダーの挨拶で始められた。ぼくがそこで主張したのは、ホッブズの自然状態が戦争状態であるのは、生活資料の生産が考慮されていないためであって、これは当時の重商主義商人たちおよび初期のロックによってさえ、当然とされていた。もちろん使いつぶすだけでは商売にならないから、単純再生産を考えていたのだろう。商人にとってはそれでいいのだが、耕作権の安定をイギリス経済の発展の基礎と考えたスミスが『国富論』で提唱した自然的自由の体系は、ホッブズの矛盾を克服して、戦争状態を平和的共存に変えることを意図していた。

このときはまだ、学生時代の思いつきを英語にしたくらいだったが、やがて法学講義ＬＪＢの序論で、スミスが明示的にホッブズを継承したことがわかってくるのである。同じテーマでコロラドの会にも応募して却下され、討論者に回されたのだったかもしれない。経済思想史と政治思想史というような個別専門領域の研究者たちにとって、ぼくのような両生類は理解できないらしい。研究者と知識人との違いか。

シェフィールドでは、ホッブズが生産を考えていないといったとたんに（報告はおわっていないのに）、最前列の若い研究者が猛烈に反発した。「そんなばかな、クリストファー・ヒルがマニュファクチャーを掘り起こしたじゃないか」というのである。「実状はそうかもしれないけれど、それとホッブズが理論体系にどう組み込んだかは、別のことでしょう」ということで、遺著の『ビヒモス』の検討が宿題になった。宿題を怠けているうちに、岩波文庫で翻訳が出るところまできた。ぼくの報告については、帰国後ウォリンダーから、excellentだからどこかイギリスの雑誌に出すようにという手紙が来て、手直しをしているうちにウォリンダー自身がなくなったので、おしまいになった。

アダム・スミスの法学あるいは統治論

ここで目をスミスに転じよう。スミスが『国富論』の著者であるだけではなく『道徳感情論』の著者でもあることは、よく知られるようになったが、スミス自身にとっては『国富論』は『道徳感情論』と並ぶ主著ではなく、第二の主著となるべき法学あるいは統治論のうちの、生活行政を扱う部分にすぎなかった。かれは『道徳感情論』初版の終りで次のように予告した。「私はもうひとつの別の論述において、法と統治の一般的諸原理について、及びそれらが社会のさまざまな時代と時期において、正義（司法）に関することだけでなく、生活行政、公収入、軍備、さらには法の対象である他のすべてに関することにおいても経過してきたさまざまな変革について、説明するように努めるつもりである」。その後かれは大学を辞職して（一七六四）フランスに渡り、『国富論』（一七七六）を書いて有名になったが、約束したように法学の一般理論を出版することなく、晩年を主として『道徳感情論』の改定増補に費やして、死を迎えた（一七九〇）。この改訂作業は倍増といっていいほどの成果を生んだので、この本については重荷をおろしたように感じたのであろうか、かれは第六版の序文で、初版での約束を振り返って先の引用につづけて述べた。すなわち、諸国民の富の性質と原因に関する研究で、私はこの約束を部分的に、少なくとも生活行政、公収入、軍備にかんするかぎり実行した。残っている法学の理論は、私がながいあいだ想をねりながら、以下の著作の改定を妨げてきたのと同じ仕事によって、これまで実行を妨げられてきたものである。この大著を自分で満足できるように仕上げられる日があろうとは、ほとんど期待させないということを私は認めるのだが、それでもなお、私はその企画を完全に放棄したのではないし、できる限りのことをする義務を負い続けたいと思うので、私はそのパラグラフを、三十年以上も前に出版されたままに残しておいた。そのとき私は、そこにのべられたすべてのことが実行できるものと、うたがいをもっていなかったのである」。「そこで述べられたすべてのことが実行できるものと、疑わなかった」と書いたかれは、一七五九年だけでなく六三年の、四〇歳の最終講義序文の宣言も思い起こしていただろう。

しかしスミスは一七五九年から一七九〇年まで、次の著書のために何もしなかったわけではない。母校の教授として『道徳感情論』を書くまえに、オクスフォード帰りの就活青年であったスミスが、ヘンリ・ヒュームの斡旋で行なわれた三冬のエディンバラ公開講義で、テーマを修辞学・文学、法学、哲学史（天文学史）とし、その直後に就任した母校での講義に、それらをひきつづき利用したと伝えられている。修辞学・文学（文体論といってもいい）と法学の講義については、一七六二―六三学年の日付のある筆記が、一九五八年に発見されたし、天文学史はすでにスミス自身が青年期の著作で出版にたえるものとして、ヒュームに依託したことがあった。したがって天文学史はスミスの死後、遺稿として『哲学論文集』に収録されたのだが、以上のほかに素性のよくわからない法学講義ノートがあったのである。

それは一九世紀末にスコットランドの旧家の蔵書の中から、エドウィン・キャナンによって発見されたのだが、製本された表紙には「法学あるいは道徳哲学教授アダム・スミスによってグラーズゴウ大学で行なわれた、司法・生活行政・公収入・軍備に関する講義によるノート一七六六年」と書かれていて、この年にはスミスはすでに大学を離れていた。当時は手稿の回覧とおなじように手稿も流通していたらしいから、これはスミスの講義ノートを誰かが一七六六年に整理製本したものだろうということになった。整理が要約や解説であればスミスから離れる余地があって、資料的価値は減少する。そういう疑問がでたのは、この手稿が通年講義の筆記としては短くまとまっていたからである。しかし手稿を発見しただけでなく編集し出版（一八九六）したキャナンは、手稿に例示されている穀物価格と最近の戦争 the last war という表現から、手稿が一七六二―六三学年またはそれ以後の講義にもとづくものと推定した。最近の戦争というのは、一七六三年三月にパリ和約で終結した七年戦争のことである。ところが、第二次大戦後に発見された法学講義ノートが、一七六二―六三年の日付をもっていたことによって、キャナンの推定のうち前者は崩れ、後者が残ることになる。すぐあとで述べるようにスミスは、一七六四年一月はじめには大学を辞してパリに向かったので、講義をしたとしても、せいぜい三か月である。そうだとすれば、キャナン版ノート（ＬＪＢ）が量的に戦後発見のノート（ＬＪＡ）のほぼ三分の一であることとも、つじつまが合うことになる。

以後ＬＪＢとよぶことにするノートには、直前の学年のノートであるＬＪＡに比べて、二つの大きな違いがある。第一は、まったく新しく序論がつけられたことであり、第二は、叙述の順序を、民法（ローマ法）学者に従って変更して、公法学からはじめたことである。第二の変更は、スミスが法学あるいは統治論を次の著書としていたことから、研究者が大さわぎをするまでもなく、容易に理解できるだろうが、第一の変更はまったく新しいので、説明が必要だろう。ところが経済思想史の大家であったキャナンもそのあとを継いだＷ・Ｒ・スコットも、『国富論』を書いた経済学者としてのスミスという固定観念にしばられて、かれの法学志向を理解できなかった。『アダム・スミスの自然法学』（一九八八、二版二〇〇三）という大著を書いた田中正司も、ホッブズを利己心の思想家とするホッブズ狩りに同調することによって、理解の道をとざしている。

序論は法学の短期集中講義につけられたものと考えられるので、なぜこの講義が行なわれたのかの説明からはじめなければならないだろう。『道徳感情論』が出版されて間もなく、ロンドンにいたデヴィド・ヒュームは政治家チャールズ・タウンゼンドが、後見するバクルー侯爵をスミスの指導下におきたいといっていることを聞き伝えて、真意を確かめるために訪問したが不在であった。ヒュームはそれを告げる手紙のなかで、君が教授を辞めるに値するような条件をかれが提示するとは思えないから、気にするまでもないだろうと述べたのだが、その後の交渉で、バクルー侯がイートン校を卒業して外遊するにあたって、スミスがつきそい、侯爵家はスミスに年金を支払うことが契約された。このことはスコットランドの上流社会ではかなりの話題であったらしく、グラーズゴウ近郊のある旧家の文書のなかには、パリの和約で七年戦争が終わり、バクルー侯が外遊し、アダム・スミスが教授を辞職して、大学は後任を必要とすると、当然の連鎖であるかのようにのべた手紙が残されている。この旧家は、冬をグラーズゴウで過ごすことが多く、ハチスンやリーチマンとも親しかったから、スミスがかなり早く後任問題に気づいていたかもしれないのだが、いずれにせよ、事態の展開はおそらくスミスのいかなる予想もこえたものであった。

一七六三―六四年の学年が始まってまもなく、タウンゼンドは一〇月二五日の手紙で、侯爵の外遊について契約の履行を求めてきた。スミスは承諾するとともに、四月に入ってからの出発を提案したのだが、タウンゼンドはイートンを出た青年がロンドンに滞在してその風習に染まることを恐れ、提案を拒否した。結局スミスは一七六四年一月一〇日の大学の会議に教授として出席して、数日後にグラーズゴウを離れたのだろうと、『グラーズゴウ版アダム・スミス著作・書簡集』の編集者(ロンルド・ミーク)は推定している。この編集者の注で、スミスが一月初頭に最後の講義を行なって授業料を返却したとされているのは、四月はじめまで大学を離れられないといったスミスが、それに代わるものとして短期集中講義を行なったことを意味するのではないだろうか。この講義の記録あるいは原稿がＬＪＢ手稿なのではないかということである。

当時のスコットランドの大学の慣行では、こうして外遊する教授が辞職する必要はなかったのだが、オクスフォードの教授たちの堕落ぶりを批判したスミスには、そのまま地位を維持するつもりはなかった。しかもいまは、学期がすでにはじまっているのだから、後任の教授のほかに、すでに進行中の一七六三―六四学年の代講者を、至急きめなければならないのである。かれが選びだして代講を依頼したのは、その年に人文学修士ＭＡの学位をとったトマス・ヤングであったが、この青年については、スミスと同郷のファイフ出身で一七五七年に入学したことしかわかっていない。一年おくれて入学して、それぞれ母校の教授になったアーチボルド・アーサー（一七四四―九七）とウィリアム・リチャードスン（一七四三―一八一四）が、それぞれスミスへの回想記を残しているのにくらべてさびしいのは、もちろん、スミスの推薦を受けた代講者として好評でありながら、結局後任として選ばれなかったという悲運によるのである。

スミスは講義の大部分をヤングに任せ、後任人事を同僚のジョン・ミラーとジョゼフ・ブラックに託して、一月はじめにグラーズゴウを離れた。大部分であって全部でなかったのは、まえに書いたようにスミスが実際に講義をして別れを告げ、授業料を返そうとしたという記録が残っているからである。このような事情で講義ができたのは、一一月、一二月と一月はじめしかなかったから、前学年に比べてはるかに短かった。LJBがその記録だと考えたいのだが、グラーズゴウ版の編集者は、一月四日から九日のあいだにスミスが道徳哲学関係の講義をして、授業料を返したことを認めながら、LJBについては、ヤングの通年講義のための参考としてスミスが残したノートとしてしか評価していない。「確かにヤングはスミスからこれらのノートを提供され、かれの講義ではかなり忠実にそれにしたがったであろう。[12]」驚いたことに、明らかな追加である序論には一言もないのである。

(12) 三人の編集者の中心はわが親友ロンルド・ミークだが、「ロン、やはりきみは思想史は苦手なんだな」といいたいくらい、スミスの危機感が読めていない。ハーシュマンの『情念の政治経済学』の書評を頼まれて「ヒロシ、これは君がやるほうがいいのだ」といっていたことを思い出す。

かろうじてこれだけの講義をして、バクルー候とともにパリに着いたスミスが、最初に受け取った手紙は、後事を託したジョン・ミラーから、後任問題における敗北を予告したものであった。ミラーはケイムズ卿がリード博士を強力に推薦しつづけていることをつげ、こうした外部からの動きに反撃するために手段をつくすことを、スミスに求めたのである。ミラーが「私がこれを書いていることは、ブラックのほかは誰も知りません」と結んでいるのは、さまざまな動きが横行していたことを想像させるが、スミスがミラーの要請に応えた様子はない。かれはパリからトゥルーズにむかい、そこにしばらく滞在したあとジュネーヴにヴォルテールを表敬訪問して、パリで啓蒙思想家たちと親交を結んで帰国する。グラーズゴウ大学の後任は、ミラーの反対運動にもかかわらずリードに決定されて、ヤングの代講は一七六三—六四年限りとなった。

スミスにとってケイムズは、エディンバラ公開講義にかれをデビュウさせたパトロンであり、その後も親交を結んできた。ケイムズはスミスの著作についても、いくらかの留保をしつつ賛意を表明してきた。しかしその人がスミスの意図に明白に反対して推薦したトマス・リード（一七一〇―九六）は、スミスの道徳哲学を利己心の哲学として非難した人物である。ケイムズの変心の理由はどこにあったのか。決定的な対立は、ケイムズがリードとともに道徳哲学の中心概念としたコモン・センスと、スミスの同感概念との間にあった。ケイムズはスミスとのこの対決の前年に、スコットランド啓蒙のベストセラーのひとつになった『批評要論』（一七六二）で、コモン・センスを説明してつぎのように書いていた。「われわれは、人間の共通の本性が、普遍的であるのに劣らず不変的であるという確信をもち、それは時と所に関係がないと考える。……すべての人の諸行為が、正邪について一致していることが必要であり……基準は人類のコモン・センスに求められるべきである。」これに対してスミスが『道徳感情論』で展開した道徳哲学によれば、善悪正邪の基準は、自由平等な諸個人の利益追求の競争における相互の同感によって決定される。その競争が行なわれる社会では、自己中心的な感情も行動も、見物人あるいは路上のみしらぬ人の同感がえられるように抑制される。抑制の程度は、かれらもまたそれぞれの利益を追求していることによって、相互同感で決められる。自分のすることは他人にも許容せよ、ということにもなるだろう。したがってそれはコモン・センスが決めるのではなく、人間集団としての社会が決めるのであり、スパルタの幼児殺しが風習として認められたように、歴史的に変化するものでもあった。このような個人主義と歴史主義、したがって相対主義は、ケイムズもリードも許しえぬものであった。

この『批評要論』には、明らかにスミスの修辞学・文学講義への反応あるいはそれからの展開かと思われる発言があり、たとえばスミスがシャーフツベリの荘重華麗な文体を厳しく批判して、スウィフトの平明率直な文体を対置し、そういう文体がビジネスの文体としての散文に適しているといったのに対して、ケイムズは「ビジネスはわれわれの天職であり、愉しみは息ぬきのときだけである」として、「真剣重要な事柄は率直平明で厳しい言語で表現しなければならない」と同意しながら限定している。おなじようにスミスの講義を聴いておなじようにベストセラーを書いたヒュウ・ブレアが、平明率直な文体についてスミスに教えられたことに感謝しつつ、科学の道に花を飾ることも必要だと付け加えたのも、ケイムズに似たスミス理解だといえよう。

さらにスミスが二つの雑誌論文で抽象化・理論化の重要性について論じたことを展開するかのように、ケイムズはいう、「抽象的諸観念はすべて、推理能力にとって有用である。諸個体は「多種多様で」無限であるように見える。もしわれわれがそれらを諸種目に振り分ける能力をもたなかったならば、精神は無限の多様性のなかに埋没しただろう。」だがここまで理解しながらかれは、人類、社会、国家、教会などが諸個人から抽象された観念あるいは組織にすぎないとは考えなかったのである。

しかしケイムズが、スミスが自分の後任として推薦したヤングを拒否して、こともあろうに反スミスの代表ともいうべきリードを推したのは、社会認識における以上のようなギャップだけによるものではなかったかもしれない。同感の相対性はコモン・センスの永久不変性と決定的に対立するのだが、さしあたって現時点では無視することもできるだろう。決定的な対立は「自愛心だけが幸福に役立つ……かのようにいう群小哲学者たち」とのあいだにあった。「自愛心以外のすべて行為の動機を否定する哲学者たちの盲目」ともいわれている。アダム・スミスは二七歳年下ではあったが、まさかスミスを群小のなかに入れはしなかっただろう。非難の相手は、スミスが後継者として期待したトマス・ヤングたち、二〇歳前後の若きMAたちである。神学を学んで、やがてアイルランドの反乱に参加することになるウィリアム・ディクスン(一七四四—一八二四)は「人間には例外なく自愛の原理が授けられていて、これが他人への愛を規制する基準である」と書いていた。かれは一七六三年に入学して、アダム・スミスの最後の講義をきき、ジョン・ミラーと親交を結んだのである。

ケイムズとしては、意見がかなり違ってもスミスと交友を続けることを、リードにほめられながら、スミスの後継者たちが大学に新思想の根を張ることをたちきらなければならなかった。かれはさしあたり、ヤングを阻止した限りでは成功したのだが、かれの息子の家庭教師であったジョン・ミラーは、スミスの高弟として、反リードの動きを変えなかった。他方でスミスは、後継者問題では敗北したが、最終講義に第二の主著への展望を示すことができた。それが前学年の講義にはなかった序論である。四月出発というスミスの提案がいれられたならば、例年どおりの講義ができたはずだから、序論を書く必要はなかったかもしれない。出発が早められたために講義が圧縮されて趣旨鮮明になったということだが、しかしスミスにはそのような外的事情に関わりなく、最後の講義に表明しておかなければならないことがあったのではないか。それはなによりも、『道徳感情論』で約束した法学あるいは統治論について、ローマ法の解説に沿った前学年の講義よりも明確な方向づけを示すことである。おそらくそれに加えて、スミスの側にもケイムズの危機意識に対応する危機意識があったのではないだろうか。スミスの後継問題がその年の春から社交界の話題になって、具体的に人名まであげられていることに、かれ自身がいつごろ気がついていたかはわからない。ケイムズの動きについても同様である。しかしケイムズがスミスの弟子たちを非難した『批評要論』を、スミスは当然寄贈されて読んだであろう。(13) ほぼそのときから、後任がリードに決まるまで、スミスはミラーとともにこの危機に対処しなければならなかったのであり、LJBの序論はそのような危機意識の表明であった。

(13) スミスはケイムズの著書を、おそらく寄贈されて、『批評要論』を含めて九点所有していた。蔵書票のある『批評要論』は所在不明だが、三巻本であることはわかっているので、一七六二年の初版か翌年の二版であり、どちらかをスミスが後任問題とのかかわりで読んだ可能性は否定できない。

序論でスミスは、「法学は、すべての国民の法律の基礎であるべき一般諸原理を研究する学問である」として、グロティウスについて、「グロティウスは、なにか自然法学の正規の体系らしいものを世界に与えようとした最初の人であったように思われる」と評価する。その主著である『戦争の平和の法』について、戦争についての一種の決疑論であるとしたうえで、「かれは諸国家の基本構造と市民法の諸原理、主権者と市民の諸権利、犯罪、契約、所有、及び法の対象であるその他のあらゆることを研究することになった。したがって、かれの論説のうちの、この主題を論じた最初の二巻は、法学の完全な体系なのである」とスミスはいうのだが、ここでいわれている自然法学は natural jurisprudence であって、自然状態 state of nature の観念をもつ伝統的な自然法 law of nature 論ではない。グロティウスは神はいなくても(神に誓わなくても)契約は妥当するといったと伝えられたように、契約の神聖を基本とした純現世的な自然法体系を構築したのであり、[14] まさにそのことをスミスは評価したのである。

（14）フランツ・ボルケナウ『封建的世界像から市民的世界像へ』（水田洋ほか訳、みすず房房、一九六五）一八六―一九三ページ。

スミスによれば「グロティウスの次の有名な著作者はホッブズ氏」であり、ホッブズは「人びとの良心が教会権威に従属したことが……紛争と内乱の原因であった」と考え、社会契約によって設立された主権者の意思への服従を強調したのだが、これに対する教会側の反撃は、ホッブズが戦争状態とした人類の自然状態が、個人にある程度の権利を許す平和な状態であることを主張するものであった。これをうけて、ホッブズを論破するために大著を書いたのがプーフェンドルフであったが、スミスは「自然状態というものは存在しないのだから、そこで成立するだろうという諸法を論じたり、どのような手段で所有の継承が行なわれたかを論じたりしても、実際にはなんの役にもたたないのである」というのである。以上の三人についてのスミスの評価をまとめてみると、グロティウスは契約を中心とした現世的近代的な法体系を樹立しようとしたのであり、ホッブズは教会権威に対する国家主権の問題を提起したのであって、それぞれ評価できるのだが、プーフェンドルフは中世以来の伝統的自然法思想の代表者であって、意味のない議論をしたにすぎないということになる。こうした全否定に続いて、「その次にこの主題について書いたのは、プロイセン人コッケイ男爵である」とし、「ほかには有力な体系は存在しない」として、この法学史は終わる。コッケイについてはグラーズゴウ版の編集者の一人が一度だけ、注でプーフェンドルフ、コッケイ、ハチスンを繋いだことがあるから、まったく無縁ではなかったかもしれないが、スミスの説明のしかたは、プーフェンドルフからカーマイクル、ハチスンのグラーズゴウ大学へという継承関係を断ち切ろうとして、コッケイをいれたように見える。自分はその継承関係にはかかわりがなく、グロティウス、ホッブズの自然法学を継承するのだということである。伝統的自然法思想が理想状態として主張する自然状態を否定して、グロティウスの自然法学を対置したスミスは、ホッブズの戦争状態としての自然状態も否定することになるだろう。それはやがて『国富論』で、生産と分配についての自然的自由の体系として提議される。かれは戦乱の時代に生きた二人の先学に学んで、不可侵の自然権としての生存権をもった自由平等な諸個人の、競争と契約の社会像を組み立てようとしたのである。直接に体験しなかったにしても、かれの時代も市民革命の時代であった。

ところで、スミスがホッブズに言及したのは、これが初めてではなかった。『道徳感情論』初版の第六部（第六版では第七部）第三編で、スミスは明確な是認の原理の基礎を何に求めるかについて、三つの体系をあげている。明確な是認というのはapprobationの訳でわかりにくいが、確かな認識と言い換えてもいいだろう。カントの『純粋理性批判』は理性をその基礎としたのである。スミスがあげている三つの体系は、それぞれ認識の確実性の基礎を自愛心、理性、感情に求めるものであった。第一の体系によれば「人間が社会に非難するように追い込まれるのは、……他の人びとの援助がなければ、安楽または安全に生存することができないからである。社会はこの理由でかれにとって必要なものとなり、それへの支持と福祉への傾向をもつすべてを、かれはかれ自身の利益に向かう遠い傾向をもつものと見なすのである。」

第二の体系によれば「国内統治の設立に先立っては、人びとの間に安全または平和な社会はありえない」のであり、「国の為政者の諸法は、何が正義で何が不正であるかについての……唯一の究極的基準とみなされるべきである」。即ちこの体系によれば、国家権力への絶対服従というより国家権力自体が、認識の確実性を保証するのである。しかしスミスはここから一転して、「法律がそれらの［正邪善悪の］区別の本源的な源泉ではありえない」という。「精神がすべての法律に先行してそれらの区別についての見解をもっていたとすれば……それはこの見解を理性からひきだしたのであり、理性が、真偽の違いを指摘したのと同じようなやり方で、正邪の違いを指摘したのだということである。」スミスが自愛心と理性にもとづく二つの体系をホッブズによって代表させたといえば、驚かれるであろうか。スミスが第三の体系の代表者とするのはハチスンであるが、ここでは立ち入るまでもない。それよりも、一九四三年に内田義彦が『経済学の生誕』でＬＪＢから引用したことで有名になった、「人びとを市民社会に入らせる二つの原理」としての権威の原理と功利の原理を想起したいのである。自愛心と功利は簡単に重ね合わせられるが、理性と権威服従はまったく別のことと思われるかもしれない。しかしホッブズによれば、社会契約によって戦争状態である自然状態から脱却して、絶対主権に服従せよという自然法は、理性の教えであった。ホッブズが理性を各個人の利害の計算能力としていることを考えれば、自愛心と理性は一致するのである。さしあたって確認したいのは、このようにしてスミスが継承したホッブズの原点は、ここに訳した遺著に明記された、支配への服従は保護が与えられる限りの、相対的なものだということである。ホッブズがヘレシー論で示した唯名論については、スミスの言語起源論にその継承を見ることができる。

ここに翻訳したホッブズの小論二篇は、戦後まもなくホッブズ研究を開始したときに利用したものを、最近の研究状況につられて取り上げたのだが、未來社の西谷社長のご好意によって、雑誌「未来」二〇一〇年二―四月号に連載されただけでなく、単行本として出版されることになった。ご好意への感謝の意味を含めて改訳の努力を重ねたが、主題の性質上、なお及ばないことを恐れている。

［著者］トマス・ホッブズ（Thomas Hobbes）
1588-1679年。イギリスの哲学者、政治思想家。主著は『物体論』（1655）『人間論』（1658）、『市民論』（1642）からなる哲学体系と『リヴァイアサン』（1651）であるが、モールズワース版著作集はつぎのように全十六巻である。1983年からオクスフォード大学出版局版の全集が刊行されていて、本年中に『リヴァイアサン』も刊行されるはずである。
The English works of Thomas Hobbes of Malmesbury edited by W. Molesworth, 11vols. London, 1839-45. *Thomas Hobbes Malmesburiensis* opera philosophica quae latine scripsit omnia. Ed. W. Molesworth, 5vols., London, 1845.

［編訳者］水田洋（みずた・ひろし）
1919年、東京都生まれ。名古屋大学名誉教授、日本学士院会員。社会思想史専攻。
著書に『近代人の形成―近代社会観成立史』（東京大学出版会）『アダム・スミス研究』（未來社）『思想の国際転位―比較思想史的研究』（名古屋大学出版会）『アダム・スミス研究―国際的研究状況のなかで』（ミネルヴァ書房）、訳書にボルケナウ『封建的世界像から近代的世界像へ』（みすず書房）ホッブズ『リヴァイアサン』スミス『国富論』『道徳感情論』『法学講義』（岩波文庫）ほか。

[転換期を読む 12]
ホッブズの弁明／異端

2011年6月10日　初版第一刷発行

本体1800円＋税――――定価

トマス・ホッブズ――――著者

水田洋――――編訳者

西谷能英――――発行者

株式会社　未來社――――発行所

東京都文京区小石川3-7-2
振替00170-3-87385
電話(03)3814-5521（代表）
http://www.miraisha.co.jp/
Email:info@miraisha.co.jp

精興社――――印刷
五十嵐製本――――製本

ISBN 978-4-624-93432-3 C0310

未紹介の名著や読み直される古典を、ハンディな判で

〔消費税別〕

シリーズ❖転換期を読む

1 望みのときに　モーリス・ブランショ著◉谷口博史訳◉一八〇〇円

2 ストイックなコメディアンたち――フローベール、ジョイス、ベケット
ヒュー・ケナー著◉富山英俊訳／高山宏解説◉一九〇〇円

3 ルネサンス哲学――付：イタリア紀行　ミルチア・エリアーデ著◉石井忠厚訳◉一八〇〇円

5 国民革命幻想　上村忠男編訳◉一五〇〇円

6 〔新版〕魯迅　竹内好著◉鵜飼哲解説◉二〇〇〇円

7 幻視のなかの政治　埴谷雄高著◉高橋順一解説◉二四〇〇円

8 当世流行劇場――18世紀ヴェネツィア、絢爛たるバロック・オペラ制作のてんやわんやの舞台裏
ベネデット・マルチェッロ著◉小田切慎平・小野里香織訳◉一八〇〇円

9 〔新版〕澱河歌の周辺　安東次男著◉粟津則雄解説◉二八〇〇円

10 信仰と科学　アレクサンドル・ボグダーノフ著◉佐藤正則訳◉二二〇〇円

11 ヴィーコの哲学　ベネデット・クローチェ著◉上村忠男編訳◉二〇〇〇円